Mehl

Meine Ayurveda-Familienküche

ÜBER DEN AUTOR

Der geografische Werdegang von **Volker Mehl**? Geboren in Mannheim, aufgewachsen in Südhessen, Zwischenstationen in München und Berlin, nun wohnhaft in Wuppertal. Sie suchen gerade vergeblich nach Indien? Werden Sie nicht finden, denn Ayurveda haut auch tief im Westen und mit heimischen Zutaten wunderbar hin!

Doch lange vor Ayurveda nahm Volker Mehl zunächst einen Umweg über den Studiengang Katholische Theologie (Bilanz: ein abgeschlossenes Semester und ein Schein in Hebräisch) sowie eine Ausbildung zum Versicherungskaufmann – so richtig Feuer gefangen hat er jedoch erst 2006: bei einer Ausbildung zum Ayurveda-Gesundheitsberater fand er seine persönliche und berufliche Bestimmung, der er sich seitdem mit ganzer Leidenschaft und Kreativität widmet. Es folgten ein Praktikum in der Schwarzwaldstube bei Drei-Sterne-Koch Harald Wohlfahrt, Kochkurse und Workshops in ganz Deutschland, zwei erfolgreiche Kochbücher, eine Bio-Teelinie, Auftritte in Fernsehsendungen, ein Kochatelier, ein vegetarisch-veganer Feinkost-Imbiss und eine Yoga-Schule.

In diesem dritten Kochbuch widmet sich Mehl nun der Familienküche – natürlich auch dieses Mal ganz getreu seinem Motto: „Ein genussvolles Essen sollte glücklich machen und in jeder Faser des Körpers zu spüren sein.“

VOLKER MEHL

Meine *Ayurveda*-FAMILIENKÜCHE

TRIAS

INHALT

17. Februar 2013, 21.21 Uhr, Cortiina Hotel in München. Ein Veggie-Club-Sandwich auf dem Tisch, dazu ein Radler.

DIE ERSTEN ZEILEN für mein ayurvedisches Familienkochbuch – mal sehen, was mir zum Thema Familie einfällt: Zusammenhalt, Gemeinschaft, Wurzeln. Einsamkeit, Erholung, Rückzug. Ewige Verbindung. Sich streiten, sich sorgen, sich ärgern, sich wieder vertragen. Grenzenlose Freude, unbeschreibliche Verachtung. Beschämung, Ignoranz, Bewunderung. Chaos, Kraft, Geborgenheit. Schwäche. Werte. Toleranz. Gemeinsam lachen, gemeinsam weinen. Liebe, Hass, Liebe!

Als die Anfrage kam, ob ich Lust hätte, ein Familienkochbuch zu schreiben, war meine erste Reaktion nicht gerade grenzenlose Ekstase. Eigentlich wollte ich ein erotisches Ayurveda-Kochbuch im Stil von Helmut Newton machen … Die Idee vom Familienkochbuch habe ich erst einmal weit von mir geschoben. Wie sollte ich den Schwenk von der Erotik zum „Breikochen" kriegen? Aber nachdem in meinem Hinterkopf Meldungen blubberten wie „Hallo, Volker, ich bin's, dein Breikochbuch!", hat es mich dann doch gepackt – das Ergebnis halten Sie nun in den Händen …

Ich habe geschaut, was denn das Internet zum Thema Familie zu bieten hat. Meine Referenzen dazu sind eher dürftig. Eigene Kinder habe ich keine, ein besonders begabter Ehemann war ich in meinem früheren Leben auch nicht, und bis heute scheitere ich immer noch kläglich an der Erziehung meines Yorkshire Rüden Manfred. Aber gut, immerhin komme ich aus einer liebevollen Familie. Zum Glück liefert das Internet interessante Definitionen zum Thema Familie. Zum Beispiel ist die Familie zwar ein rein rechtliches Konstrukt, aber sie ist auch eine Gemeinschaft, in der bestimmte Werte gepflegt werden und die für alle, die zu ihr gehören, ein Hort der Erholung und Entspannung ist. Damit war mir klar, dass jeder mit dem Thema Familie zu tun hat, auch wenn bei manchem die Herkunftsfamilie nicht unbedingt der Knaller ist. Man muss den Begriff nur weiter fassen. Jeder von uns ist, rein biologisch gesehen, Teil einer Familie. Manche Familienbande sind sehr eng. Da gilt der Grundsatz „Einer für alle, alle für einen". Andere Familien, und das sind heutzutage extrem viele, zerfallen sozusagen in ihre Einzelteile. Großeltern, Eltern, Kinder und Kindeskinder, alle leben an verschiedenen Orten, oft zig Kilometer voneinander entfernt. Was bleibt, ist die Sehnsucht nach Geborgenheit. Wer möchte, kann sich der Ikea-Family anschließen oder eine der vielen Zurück-aufs-Land-Zeitschriften abonnieren. Doch das löst das Problem nicht. Die meisten Leute heiraten irgendwann, lassen sich dann aber nach einigen Jahren scheiden. Die, die sich nicht trennen, können stundenlang zusammensitzen, ohne auch nur ein Wort miteinander zu reden. Mir persönlich macht so etwas eher Gänsehaut und durchaus keine sehnsüchtigen „Das-will-ich-auch-haben"-Gedanken.

Also, warum in aller Welt, sehnen sich die Leute so nach einer Familie? Ich glaube, hinter dieser Sehnsucht steckt der Wunsch, gesehen, gehört und von anderen als liebenswerte Person wahrgenommen zu werden. Und an dieser Stelle kommt die Idee des Ayurveda in Spiel. Es ist einer der Hauptgedanken der ayurvedischen Philosophie, dass jeder von uns Teil des großen Ganzen ist. Jeder ist ein gleichberechtigter Teil des Universums, der Natur, der Menschheit. Demnach sind wir alle im Prinzip eine große Familie, ob nun blutsverwandt oder nicht. Und wenn man nicht alle gleichzeitig zum Essen einladen muss, ist das eigentlich eine ganz schöne Vorstellung ... Denn das heißt auch, dass man sich im Grunde niemals einsam fühlen, dass man keine vom Standesamt bestätigte Ehe eingehen und dass man nicht auf Gedeih und Verderb mit Verwandten leben muss, die man sowieso nicht mag.

Natürlich wird es in diesem Buch um die Familie im klassischen Sinne gehen: Mama, Papa, Kinder. Und auch von meiner eigenen Familie wird es handeln. Aber ich dehne den Begriff im ayurvedischen Sinne einfach aus! Auch Freunde können Geborgenheit vermitteln. Manchmal kann man mit wildfremden Leuten intensivere Gespräche führen als mit irgendeinem Blutsbruder. Mit Nachbarn oder Kollegen kann man enorm viel Spaß haben und sich anerkannt und akzeptiert fühlen.

Und das alles verbindende Element ist das gemeinsame Essen. Egal, was und wie man kocht, es schmeckt tausendmal besser, wenn man mit anderen zusammen am Tisch sitzt, redet, lacht, genießt und vielleicht auch mal schweigt. Deshalb auch hier gleich zu Beginn die Aufforderung, mal wieder Leute zum Essen einzuladen. Ich sage immer: „Gemeinsam isst man glücklicher", was es auch als Leitspruch auf das Cover des Buches geschafft hat. Im Ayurveda ist man übrigens davon überzeugt, dass sich die Liebe, die der Koch oder die Köchin in die Zubereitung eines Menüs steckt, auf diejenigen überträgt, die es verzehren. Ein schöner Gedanke, oder? Also, Kerzen an, Musik an, Fremde, Freunde oder die Familie einladen und dann mit ganz viel Freude ran an den Herd!

EIN PAAR AYURVEDISCHE GRUNDBEGRIFFE

SIE KENNEN DOCH Professor Bömmel aus der Feuerzangenbowle mit Heinz Rühmann, oder? Auch wenn niemand so genau weiß, wie der Professor eigentlich wirklich heißt, ist von ihm folgender legendärer Monolog im reinsten Kölsch überliefert:

„Wo simmer denn dran? Aha, heute krieje mer de Dampfmaschin. Also, wat is en Dampfmaschin? Da stelle mehr uns janz dumm. Und da sage mer so: En Dampfmaschin, dat is ene jroße schwarze Raum, der hat hinten un vorn e Loch."

Wenn ich nun Professor Bömmel wäre, würde ich sagen: „Wo simmer denn eigentlich dran? Aha, heute krieje mer de Ernährung. Also, was wisse mer über Ernährung? Da stelle mer uns janz dumm. Und da sage mer, unser Kopf, dat es ene jroße schwarze Raum, der hat rechts e Loch un links e Loch."

Und das meine ich ganz im Ernst! Bevor Sie sich mit diesem Buch beschäftigen, versuchen Sie Ihren Kopf mal ganz leer zu machen und das zu vergessen, was Sie bisher über Ernährung gelernt haben. Es gibt nämlich keine gesunde oder ungesunde Ernährung, sondern nur passende und unpassende.

Ayurveda heißt sinngemäß übersetzt „das Wissen vom Leben". Diese uralte Philosophie stammt aus Indien und beschäftigt sich mit den Kernfragen des Lebens. Es geht um Liebe und Zuwendung, Achtsamkeit, Freundschaft und Verbundenheit, Vertrauen und Lebensfreude, miteinander glücklich sein. Und natürlich ums (gemeinsame) Essen.

Grundsätzlich ist man der Überzeugung, dass die materielle Welt aus fünf Elementen besteht. Diese sind Feuer, Wasser, Erde, Luft und Äther. Alles, was ich anfassen, erfahren, fühlen, schmecken kann, besteht aus diesen fünf Elementen in jeweils unterschiedlicher Konzentration. Eine Chili zum Beispiel wird dominiert von den Elementen Feuer und Luft. Deshalb ist sie schärfer als eine Gurke. Diese wiederum enthält zwar auch Feuer, aber viel, viel weniger als eine Chili. Was in der Gurke dominiert, sind die Elemente Erde, Luft und Wasser.

Im Ayurveda werden Lebensmittel als Mittel zur Erhaltung der körperlichen und seelischen Gesundheit betrachtet. Es geht nicht darum, wie viele Kalorien oder wie viele Vitamine die Nahrung enthält, sondern vor allem darum, wie sie sich energetisch auf Körper und Seele auswirkt.

Salat zum Beispiel wird eine kalte und trockene Wirkung zugeschrieben. In bestimmten Situationen kann zu viel Salat demnach zu Auszehrung, Schlafstörungen und – jetzt werden Sie staunen – Faltenbildung führen. Schauen Sie sich mal Menschen an, die seit Jahren mittags und abends nur Salat essen, damit sie nicht dicker werden. Sprühen die vor Lebenslust? Eben.

Nudeln hingegen gelten als süß wegen der enthaltenen Kohlenhydrate. Sie wärmen von innen und sind daher ein super Essen gegen Stress.

Auch wenn Sie jetzt vielleicht das Gefühl haben, dass ich die Lehren der indischen Meister recht locker interpretiere, gibt es doch ein paar grundlegende Ansichten, die ich extrem wichtig finde. Die gute Nachricht: Sie lassen sich ganz einfach ins alltägliche Kochen und Genießen integrieren. Keine Sorge, ein Studium der alten ayurvedischen Schriften, der Veden, ist vorab nicht nötig.

Was man wissen muss, ist Folgendes: Aus ayurvedischer Sicht empfiehlt es sich, warm, regelmäßig und in kleinen Portionen zu essen. Milch wird als sehr gehaltvolles Lebensmittel betrachtet, deshalb ist Milch sparsam und bewusst einzusetzen. In diesem Buch verwende ich auch Sojamilch, aber wenn Ihnen der Geschmack nach „normaler" Milch steht, ist auch das kein Riesenproblem. Das Gleiche gilt für Fleisch, das in der alltäglichen Ayurveda-Küche keine Rolle spielt. Dafür darf man wertvolles Fett, also Ghee (Seite 31), natives Olivenöl oder gutes Sonnenblumenöl, für unsere Verhältnisse reichlich verwenden. Abgeraten wird vom Trinken zum Essen insbesondere von kalten Getränken wie Wasser, Limo oder Cola. Ich gehe später auf die einzelnen Empfehlungen noch einmal genauer ein.

AYURVEDA-**EINSTEIGER**-TAG

Im Alltag machen Sie es vielleicht momentan so: „Jeder isst, wann er will, oder wenn er nach Hause kommt.“ „Toast ist super, ist ja schließlich etwas Warmes.“ „Wenn nichts mehr geht, werden's Rennie und Bullrichsalz schon richten.“ Falls Sie Lust auf ein angenehmes, entstresstes Lebensgefühl haben, sollten Sie daran etwas ändern. Die Frage ist nur, wie.

Wovon Sie sich direkt und guten Gewissens verabschieden können, ist der Quatsch vom „Alles-oder-nichts-Ayurveda“. Es gibt nämlich nicht das wahre und reine Ayurveda. Die Lebensphilosophie ist vor mehreren Tausend Jahren entstanden, um den Menschen zu sensibilisieren und zu stabilisieren. Und es ist immer wieder erforderlich, die Lehren zu hinterfragen und sinnvoll an unseren heutigen Alltag anzupassen. Deshalb mein gut gemeinter Tipp an Sie: Entspannt bleiben und keine Versuche unternehmen, das Leben komplett ändern zu wollen. Das wird garantiert schiefgehen. Vor Ihnen haben das schon viele andere völlig erfolglos probiert!

Eine essenstechnische Hauptempfehlung der alten Meister ist: regelmäßig, warm und leicht verdaulich. Wenn Sie das nicht für jede Mahlzeit des Tages hinkriegen, dann fangen Sie doch mit einer Mahlzeit pro Tag an. Das ist besser als nichts und macht Ihnen vielleicht Appetit auf mehr.

Ich habe meine Rezepte so konzipiert, dass Sie sie ganz einfach nachkochen und in Ihren gewohnten Speisezettel integrieren können. Mit den folgenden drei Rezepten gelingt Ihnen ein entspannter Ayurveda-Tag: Starten Sie mit einem Couscous, mittags gibt's ein aromatisches Kartoffel-Orangen-Gemüse und abends eine cremige Suppe für warme Gefühle im Bauch.

COUSCOUS MIT ÄPFELN UND MANDELN

{Wärmt die Seele von innen}

20 MIN. = FÜR 4 PERSONEN

3 EL Ghee
200 g Couscous
500 ml Sojamilch
500 ml Wasser
2 EL feiner Rohrzucker
½ TL Salz
1 TL Zimt
1 TL Kurkuma
100 g Mandeln (gehackt)
2 Äpfel

1 EL GHEE in einer Pfanne erhitzen. Den Couscous darin goldbraun anrösten.

DIE SOJAMILCH zusammen mit dem Wasser in einen Topf geben und kurz aufkochen. Mit Rohrzucker, Salz, Zimt und Kurkuma abschmecken. Couscous zugeben und alles 10 Min. bei ausgeschaltetem Herd ziehen lassen.

DIE MANDELN in einer Pfanne ohne Fett bei mittlerer Hitze anrösten.

DIE ÄPFEL vierteln, entkernen und in Spalten schneiden. 2 EL Ghee in einer Pfanne erhitzen und die Apfelspalten kurz darin andünsten.

DEN COUSCOUS in Frühstücksschalen verteilen. Apfelspalten und Mandeln darübergeben.

KARTOFFEL-SPINAT-GEMÜSE MIT ORANGENFILETS

{Gleich fürs Büro einpacken!}

30 MIN. = FÜR 4 PERSONEN

1 kg neue Kartoffeln
100 g Mandeln (gehackt)
2 Bund Frühlingszwiebeln
6 Zweige glatte Petersilie
2 Zweige Dill
1 Limette
4 EL Olivenöl
4 EL Mayonnaise
150 g Sojasahne
1 TL rosenscharfes Paprikapulver
1 TL Kreuzkümmelsamen (gemahlen)
1 TL Salz
¼ TL Cayennepfeffer
4 Orangen
300 g Babyspinat

DIE KARTOFFELN im Schnellkochtopf 10 Min. garen, abkühlen lassen, schälen, in 1cm dicke Stücke schneiden.

DIE MANDELN in einer Pfanne ohne Fett bei mittlerer Hitze anrösten. Frühlingszwiebeln in Ringe schneiden. Petersilie und Dill fein hacken. Limette auspressen.

DAS OLIVENÖL in einer Pfanne erhitzen. Die Frühlingszwiebeln darin glasig dünsten.

DIE MAYONNAISE, Sojasahne und den Limettensaft in eine große Schüssel geben und verrühren. Paprikapulver, Kreuzkümmel, Salz und Cayennepfeffer zufügen. Kartoffeln und Frühlingszwiebeln zugeben und alles gut mischen.

DIE SCHALE der Orangen mit einem Messer rundum segmentartig einschneiden und abschälen. Dabei auch die Haut der Fruchtsegmente mit entfernen. Mit dem Messer keilförmige Schnitte an den Trennhäuten entlang setzen und die einzelnen Filets herauslösen.

DEN SPINAT auf einen großen Teller geben. Den Kartoffelsalat mit den Orangenfilets darauf anrichten. Mit Mandeln bestreut servieren.

ROTE-BETE-CREMESUPPE

{Entspannt löffeln, bis man satt ist}

40 MIN. = FÜR 4 PERSONEN

4 mehlig kochende Kartoffeln (500 g)
4 Knollen Rote Bete (500 g)
1 Bund Frühlingszwiebeln
5 EL Olivenöl
¼ TL Cayennepfeffer
1 EL edelsüßes Paprikapulver
1,2 l Gemüsebrühe
2 Gewürznelken
4 Lorbeerblätter
2 EL Sojasahne
2 TL Salz

DIE KARTOFFELN und die Rote Bete schälen und in Würfel schneiden. Frühlingszwiebeln in kleine Ringe schneiden.

DAS OLIVENÖL in einem Topf erhitzen. Cayennepfeffer und Paprikapulver zugeben, kurz aufwallen lassen. Kartoffeln, Rote Bete und Frühlingszwiebeln gut verrühren. Gemüsebrühe zugießen. Gewürznelken und Lorbeerblätter zugeben und das Gemüse zugedeckt 30 Min. auf mittlerer Hitze köcheln lassen. Nelken und Lorbeer entfernen.

DIE SUPPE mit Salz würzen. Mit einem Stabmixer cremig pürieren und die Sojasahne unterrühren.

WIE MAN **KINDERN** APPETIT MACHT

ICH WEISS NATÜRLICH, es gibt kaum ein Thema, das emotional so aufgeladen ist wie die Erziehung der eigenen Kinder. Und wahrscheinlich quatschen Ihnen schon genug Leute ungefragt rein, Aus diesem Grund will ich auch gar keinen Ratgeber zum Thema „Ich weiß aber, wie es geht!" schreiben. Mir geht es vor allem darum, dass Sie sich keine Sorgen machen, wenn der Nachwuchs mal wieder keinen Bock auf Gemüse hat und andauernd Pommes mit Mayo oder Nudeln ohne alles will und davon scheinbar nicht müde wird.

Kinder sind ganz besondere Wesen, die ein ausgeprägtes Gefühl dafür haben, was sie wollen und was nicht. Das liegt einerseits daran, dass sie noch nicht die vielen schlauen Ratgeber gelesen haben wie unsereins. Andererseits liegt es aber auch daran, dass Kinder von der sogenannten Kapha-Energie dominiert werden. Vata und Pitta haben sie zwar auch, aber in wesentlich kleineren Anteilen.

Kapha-Energie heißt, Ihre Kinder wollen gehegt und gepflegt werden und dabei so wenig wie möglich extreme Abwechslung haben. Was insbesondere fürs Essen gilt. Da braucht es schon ein paar Tricks, um sie von ihren eingefahrenen Pfaden abzubringen und Neues schmackhaft zu machen. Wichtig ist, dass Sie als Eltern selbst gut essen. Also, regelmäßig etwas kleines Warmes, möglichst Selbstgekochtes. Kinder lernen übers Imitieren und da ist es das Beste, Sie gehen mit gutem Beispiel voran. Lassen Sie die Kinder in der Küche mitmachen: Zutaten anfassen, daran riechen, selbst schnippeln, kosten, umrühren, zugucken. Die Küche kann für Kids immer wieder ein großer Abenteuerspielplatz sein. Verzichten Sie auf zu exotische Zutaten und Gewürze! Das überfordert die zarten Geschmacksnerven der Kleinen und der Protest beim Essen ist vorprogrammiert. Salz und ein bisschen Pfeffer tun es für den Anfang. Sie selbst können ja später am Tisch mit Chili, Kreuzkümmel, Koriander oder worauf Sie sonst noch Lust haben nachwürzen.

Kochen Sie das, was Ihre Kinder mögen. Meist sind das Gemüse mit süßem Geschmack wie Karotten, Kartoffeln, Kürbis. Experimentieren Sie: Manchmal lassen sich ungeliebte Gemüse unbemerkt in ein Püree mischen oder in Pancakes unterbringen.

Letztere sind übrigens ein super Kinderessen, weil man Pancakes mit den Händen essen kann. Kinder sind sinnliche Wesen, deren Spaß beim Essen schon mit dem Anfassen anfängt. Lassen Sie sich die Kinder am Tisch selbst nehmen, und wenn es nur ein Fingerhut voll ist. Hauptsache, sie probieren. Irgendwann werden sie schon auf den Geschmack kommen.

Warum Kinder so auf Süßes stehen

Die Kombination der Elemente Wasser und Erde bildet die ayurvedische Geschmacksrichtung süß. Da Kapha sich aus Wasser und Erde zusammensetzt, ist es logisch, dass Kinder eine besondere Affinität zu diesem Geschmack haben.

In der Natur signalisiert der Geschmack süß nicht nur „ungiftig", sondern auch „das hier nährt und sättigt". Auch Muttermilch, das Erste, was ein Mensch zum Stillen seines Lebensdurstes bekommt, ist süß. Also verankert sich im Gedächtnis „Das Süße verleiht Lebenskraft". Da alle Kohlenhydrate, egal ob in Nudeln, Weißbrot oder Kartoffeln, einen süßen Geschmack haben, erklärt sich die zeitweise sehr ausdauernde Kondition von Kindern bei eben jenen Lebensmitteln.

Und natürlich auf Süßkram jeglicher Art. Schokolade, Gummibärchen, Zuckerwatte. Wenn Sie wüssten, was ich als Kind alles in mich reingestopft habe! Dass ich mit zwölf nicht Diabetes Typ 2 gekriegt habe, grenzt eigentlich an ein Wunder. Einer meiner Tanten hatte einen Metro-Ausweis. Wer schon mal vor den Süßwarenregalen in der Metro gestanden hat, weiß, was das bedeutet! Das Paradies auf Erden.

Ich weiß nicht, wie viele Tausend weiße Mäuse ich auch ohne Falle erlegt habe, wie viele Nappos ich in geometrische Formen gelegt habe, bevor ich sie vernichtet habe. Von den sauren Pommes, Brauseoblaten, grünen Fröschen und Kauschnüren mal ganz abgesehen. Und was ist aus mir geworden? Auf jeden Fall kein Fünf-Zentner-Monster mit einem Kariesschrottplatz im Mund.

Meine Eltern gingen zum Glück sehr entspannt mit dem Thema um. Meine Süßigkeitenexzesse ignorierten sie. Bei allem anderen galt: in vernünftigen Maßen. Mama Mehl hat jeden Tag frisch für uns gekocht, also sozusagen Hardcore-old-School, wie man heute so sagt. Daher rührt bestimmt auch meine Passion fürs Kochen und Essen. Wahrscheinlich würde es sonst dieses Buch nicht geben oder meinen Deli und auch keine ayurvedische Kochschule.

Die Welt aus ayurvedischer Perspektive

Wie zaubert man aus einem Essen, das man schon hundertmal gekocht hat, ein ganz neues Gericht? Genau vor dieser Herausforderung stand ich, als es darum ging, dieses Kapitel hier zu schreiben. Denn in meinen beiden ersten Büchern hatte ich, zumindest gefühlt, eigentlich schon alles zum Thema „Grundgedanken im Ayurveda" gesagt. Ich dachte, ich könnte vielleicht darauf verzichten.

Tatsächlich ist es unmöglich, ein Buch über Ayurveda zu schreiben und dabei die zentralen Ideen des Ganzen zu ignorieren. Und jetzt? Sagen wir mal so, manche

Meine Heimat: Lorsch in Hessen.
Hier komme ich immer wieder zu Besuch – und bei Mama schmeckt es nach wie vor am besten.

Situationen können auch echt sehr hilfreich sein, wenn sie einen zwingen, die Perspektive zu wechseln.

Ich habe also versucht, die Perspektive zu wechseln. Selbst wenn ich nicht alle Informationen komplett neu erfinden kann, kann ich sie so verpacken, dass es für mich rockt. Und damit rockt es auch für alle, die es dann lesen und hoffentlich später auch kochen und essen.

Stellen Sie sich also vor, das Leben sei eine Schwarzwälder Kirschtorte (oder eine andere Torte Ihrer Wahl). Zur Zubereitung dieses Kuchens brauchen Sie Zutaten wie Mehl, Zucker, Sahne, Eier, Kirschen, etwas Salz etc.

Im Ayurveda spricht man von den fünf Zutaten des Lebens: Feuer, Erde, Wasser, Luft und Äther. Alles, was auf dieser Welt existiert, jedes Lebewesen, jeder Stein, jeder Gedanke, jedes Gemüse und auch Ihre Lieblingstorte, besteht aus diesen fünf Zutaten. Schauen wir sie uns mal genauer an:

ZUTAT 1: FEUER

Feuer sorgt für die notwendige Hitze und Energie im Körper und im Geist. Es regelt alle grundlegenden Vorgänge der Verdauung und des Stoffwechsels. Das Element Feuer gibt dem Leben die nötige Würze! Es wirkt vor allem in den Augen und den Füßen. Deshalb steht es auch für Zielstrebigkeit, Dynamik und Willenskraft.

ZUTAT 2: ERDE

Das Element Erde gibt unserem Körper Stabilität und Substanz. Es verleiht uns Standfestigkeit, Zuverlässigkeit und Ruhe! Alle stabilen Strukturen unseres Körpers wie Knochen, Knorpel, Sehen, Bänder, Haut und die Muskulatur stehen mit der Element Erde in Verbindung.

ZUTAT 3: WASSER

Das Element Wasser ist für alle lebenswichtigen Prozesse im Körper zuständig. Es macht den Körper weich und geschmeidig, die Seele sensibel. Unser Körper besteht zu einem Großteil überhaupt nur aus Wasser. Es findet sich vor allem in den Schleimhäuten, in der Bauchspeicheldrüse und im Blut.

ZUTAT 4: LUFT

Das Element Luft reguliert alles, was in Körper und Geist mit Bewegung und Dynamik zu tun hat. Es ist verantwortlich für Bewegungsabläufe, für den Herzschlag und den Verdauungsprozess. Das Luftelement sorgt für Kreativität, Aktivität und Dynamik. Auch ist es für die Atmung und den Tastsinn wichtig.

ZUTAT 5: ÄTHER

Das Element Äther steht für das Prinzip des Raumes und verleiht dem Geist die nötige Weite. Im Körper ist es zuständig für alle Räume wie die Mund- und Nasenhöhle, den Magen-Darm-Trakt, Bauch- und Brustraum. Auch das Gehör ist dem Äther zugeordnet. Es schafft über die Ohren eine Verbindung zum Raum um uns herum.

Die drei Doshas

Die eben genannten fünf Zutaten (Feuer, Erde, Wasser, Luft und Äther) bilden drei Paare, die im Ayurveda als Grundbausteine der menschlichen Existenz betrachtet werden:

- Wasser und Erde ergeben Kapha.
- Feuer und Wasser ergeben Pitta.
- Luft und Äther ergeben Vata.

Es sind die sogenannten Doshas, sinngemäß übersetzt mit „das, was verderben kann". Das heißt, wenn eine der Zutat im Übermaß oder auch in zu geringen Mengen vorhanden ist, kann das zu Störungen des energetischen Gleichgewichts im Körper und durchaus zu Krankheiten führen. Sind die Elemente jedoch gleichmäßig verteilt, sind auch Körper und Seele entspannt. Wie viel von jedem Dosha man in sich trägt, wird bereits zum Zeitpunkt der Zeugung festgelegt. Ein Grund, weshalb im Ayurveda sehr viel Wert auf eine Entgiftung beider Partner vor einer geplanten Schwangerschaft gelegt wird. Ich komme später noch mal darauf zurück.

Nach der Geburt ist jeder von uns, ganz gleich welchen Geschlechts man ist, von allen drei energetischen Prinzipien geleitet! Auch Säuglinge sind von Vata beeinflusst, genauso wie ältere Menschen noch unter dem

Einfluss von Kapha stehen. Männer wie Frauen tragen Pitta in sich. Die Verteilung verschiebt sich innerhalb der verschiedenen Lebensphasen.

Auch wenn die Ayurveda-Hardcore-Szene jetzt aufschreit, aber auch in diesem Buch wird es keinen Fragebogen zur persönlichen Dosha-Dominanz geben. Ich finde nach wie vor, dass es absolut unmöglich ist, mit 20 Fragen grundlegende Dinge über die physische und psychische Verfassung eines Menschen herauszufinden.

Ein Fragebogen führt nur dazu, dass man Ayurveda als Schubladensystem wahrnimmt und nicht als eine im höchsten Maße ganzheitliche und genussvolle Lebensphilosophie! Jeder von uns durchläuft ganz selbstverständlich den Kreislauf der Natur von Werden, Sein und Vergehen. Mit dem Wechsel der jeweiligen Lebensabschnitte verändern wir uns entsprechend. Im Ayurveda geht es vor allem darum, einen liebevollen und respektvollen Umgang mit seinem Körper zu pflegen und seinen Geist im Einklang mit der Natur zu entwickeln.

Im Übrigen ist das Herausfinden der Dosha-Dominanz nur dann von Bedeutung, wenn man wirklich krank ist und ein Arzt herausfinden muss, welches Dosha gestört ist. Denn daraus ergibt sich die ayurvedische Behandlung, zu der eine spezielle Ernährung, die Einnahme verschiedener Heilkräuter, Ausleitungsverfahren, Yoga und Meditation gehören.

In meinem Buch geht es aber ums Wohlfühlen, ums Kochen und ums gemeinsame Essen. Deshalb werde ich mich darauf beschränken, Ihnen einen praktischen Überblick zu geben, wie sich die Ideen des Ayurveda in die tägliche Routine einer Familie integrieren lassen.

Kapha oder warum Kinder immer nur das Gleiche wollen

Kapha besteht aus den Elementen Wasser und Erde und heißt übersetzt „das, was die Dinge zusammenhält". Es gibt dem Körper Stabilität und ist besonders dominant zwischen 6 und 10 Uhr morgens und zwischen 18 und 22 Uhr abends, im Winter und Frühjahr sowie während der Kindheit.

Kapha steht in höchstem Maße für die emotionalen Aspekte im Leben. Es steht für Ruhe, Liebe, Hingabe und die Kraft zur Vergebung, kann aber auch Neid, Gier und Sucht begünstigen. Es sitzt vor allem im Brustraum, in der Kehle, in der Lunge und in den Gelenken.

Aus Sicht des Ayurveda sind Kinder und Frauen besonders stark von der Kapha-Energie dominiert. Eine Frau ist die Spenderin des Lebens und im positiven Sinn der Nährboden für den wachsenden Keimling. Sie nährt das Kind, lange bevor es geboren wird. Daher ist es völlig verständlich, dass der weibliche Körper mehr Wasser und Körperfett enthält, auch wenn eine Frau nicht schwanger ist. Rein biologisch gesehen, könnte sie es ja werden. Weiche Formen und Rundungen sind also kein Grund für schwachsinnige Diäten, sondern Teil der weiblichen Göttlichkeit!

Die Energetik von Kapha könnte man auch vergleichen mit einem Klumpen Lehm, der feucht, schwer und irgendwie ölig und in sich stabil ist. Womit wir bei den Kindern wären.

Wie oft erlebe ich meinen Kochkursen gequälte Mutterseelen, die ganz gefrustet sind, was das Essverhalten ihrer Kinder angeht. Er oder sie mag dies oder jenes nicht. Es darf nichts Rotes sein, nichts Grünes, nicht zu heiß, nicht zu kalt. Ihr Mütter und Väter dieser Welt, entspannt euch! Eure Kinder sind völlig normal, denn das ist ihre Natur. Kinder sind einfach geprägt von der Energie des in mancherlei Hinsicht überaus trägen und unflexiblen Kapha-Doshas. Deshalb wollen sie wochenlang nur Nudeln mit Sauce, Pizza ohne Belag oder Pfannkuchen mit Ahornsirup.

Sie wundern sich darüber, dass Ihr Kind jeden Abend die gleiche Gutenachtgeschichte zum Einschlafen hören will, dass Ihr Kind immer nur das Gleiche spielt und essen will?

Mal Sie selbst gefragt: „Wie viele Lieblingsgerichte, Lieblingslieder oder Lieblingsorte haben Sie eigentlich?" Da werden schätzungsweise nicht so wahnsinnig viele zusammenkommen! „Lieblings..." hat man einfach nicht so viel. Das gilt auch und gerade für unsere Kapha-Kinder.

Machen wir uns mal auf zu einem kleinen Exkurs: Ausflug in den Prenzlauer Berg in Berlin, Schmelztiegel der supercoolen Nachhaltigkeitseltern. Annette, 43 Jahre alt, beruflich erfolgreich, steht mit Projektkind

Linus, 4 Jahre alt, vor dem Kühlregal im Bioladen. „Welchen Joghurt hättest du denn gerne? Schokolade, Erdbeere, Zitrone, Mango? Oder magst du lieber eine Tofu-Schnitte mit Mandel-Quinoa-Minze-Geschmack?“ In einem Comic würde jetzt über Klein-Linus' Kopf eine Sprechblase mit mehreren Fragezeichen erscheinen nach dem Motto: „Was will die Frau von mir?“

In letzter Konsequenz will Linus entweder gar nix mehr haben, oder er greift sich kräftig zeternd die nächstbeste Tafel Schokolade. Warum ist das so? Wenn im Tierreich eine Mutter nicht in der Lage ist zu entscheiden, was gut und passend ist für die Kinder, müssen die Kleinen jämmerlich verhungern. Kinder sind nun einmal keine adäquaten Gesprächspartner, wenn es um die Festlegung des Speiseplans geht.

Ganz praktisch lässt sich feststellen, dass mit der Zunahme der Optionen die Lust, eine Entscheidung zu treffen, dramatisch abnimmt. Das gilt für Erwachsene wie für Kinder. Die wollen noch weniger eine Auswahl treffen als wir. Das liegt vor allem an der Energie von Wasser und Erde! Deshalb mögen sie auch so gern Süßes.

Viele Erwachsene stehen in emotional-intensiven Phasen übrigens auch auf süß. Ist klar, wenn ich scheiße draufbin, bringen mich ein Sauerkrautsaft und ein paar Paprikasticks nicht wirklich nach vorn. Was hilft: heiße Schokolade, Schokokuchen mit einem fetten Schlag Sahne, eine Kuscheldecke, eine Kitsch-DVD und vielleicht eine Packung Kleenex. Damit kann ich mich ein bisschen wieder wie damals fühlen, als Mama mir noch zur Seite stand.

Am stärksten ausgeprägt ist Kapha morgens und abends, also zu den Zeiten, in denen wir frühstücken und zu Abend essen. Da zu diesen Zeiten unser Verdauungsfeuer nur auf kleiner Flamme brennt, ist von schwerverdaulichen Mahlzeiten abzuraten. Ebenso von allzu anstrengender geistiger Tätigkeit.

Pitta oder wenn aus dem kleinen Schatz ein Rebell wird …

Pitta besteht aus den Elementen Feuer und Wasser und heißt übersetzt so viel wie „das, was die Dinge verbrennt oder verdaut“. Dieses Dosha ist für alle Stoffwechselprozesse zuständig und sorgt für die Verbrennung der Nahrung. Außerdem sorgt Pitta auch für die Verarbeitung mentaler Prozesse.

Es wirkt besonders stark tagsüber zwischen 10 und 14 Uhr und nachts zwischen 22 und 2 Uhr, im Frühling und im Sommer sowie vom 16. bis zum 45. Lebensjahr. Es wirkt eher in Männern als in Frauen, wobei die natürlich auch Pitta haben. Die Elemente Feuer und Wasser ergeben zusammen die Geschmacksrichtungen scharf, sauer und salzig. Diese drei Geschmäcker haben demzufolge eine erhitzende Wirkung auf den Körper. Wer sich beim Gemüseschneiden in den Finger geritzt hat und dann Chili, Salz oder Zitrone in die Wunde bekommt, wird das spüren!

Während Kapha bei vielen morgens dafür sorgt, dass sie nicht gerade dynamisch aus dem Bett springen, beginnt die Hoch-Zeit von Pitta gegen 10. Eigentlich müssten viele Grundschullehrer eine Erschwerniszulage bis 10 Uhr erhalten, denn bis dahin ist es doppelt hartes Brot, wenigstens ein bisschen Schwung in die Truppe zu bekommen.

In vielen angelsächsischen Ländern beginnt die Schule meist deutlich später als in Deutschland. Was energetisch gesehen auch wesentlich sinnvoller ist, denn mit Zunahme des Pitta-Doshas steigt die Energiekurve deutlich an. Da das natürlich auch für Erwachsene gilt, sollten geistig anspruchsvolle Tätigkeiten grundsätzlich um die Mittagszeit ausgeübt werden.

Zurück zum praktischen Familienalltag. Ab dem 12. Lebensjahr nimmt das feurige Element deutlich zu. Plötzlich mag der kleine Schnuffelbär nicht mehr den heiß geliebten Wickie-Schlafanzug tragen und die süße Prinzessin lässt das Lillifee-Kostüm links liegen. Es gibt ausgiebige Diskussionen um Taschengeld und Partybesuche und die Frage: „Warum dürfen die anderen bis 24 Uhr weg und ich nur bis 22 Uhr?" Meist gefolgt vom Kommentar: „Oh Mann, ihr seid so was von uncool! Und außerdem – erzählt mir nicht ständig, was ich tun und lassen soll!" Wer hat nicht mit 16 mit dem Gedanken gespielt, von zu Hause auszuziehen?

Also, das Feuer nimmt zu, es sprießen die Pickel nebst sonstigen Körperteilen und man weiß nicht so recht, wohin mit sich. Das gilt vor allem für Jungs, denn die sind deutlich stärker von Pitta dominiert als Mädchen und demnach in dieser Phase auch besonders gebeutelt. Der Hunger wird nahezu grenzenlos. Wer Sohn und Tochter in diesem Alter hat, wird einen deutlichen Unterschied in Bezug auf die Mengen spüren, die ein Junge im Vergleich zu einem Mädel in sich reinschaufeln kann.

Jungs sind rein statistisch auch deutlich anfälliger für ADHS oder das, was heutzutage so alles darunter fällt. Wobei das noch lange kein Grund ist, die Jungs mit Psychopharmaka vollzupumpen! Anstatt sie am Drive-in-Schalter der Schule abzugeben, sollte man sie besser ans andere Ende der Stadt fahren. Auf dem kleinen Fußmarsch zur Schule können sie dann ihre überschüssige Feuer-Energie gepflegt abreagieren.

Die Dominanz von Pitta bleibt den meisten Jungs ihr Leben lang erhalten. Man merkt es daran, dass Männer sich gerne aneinander messen. Mit Wettweitpinkeln im Kindergarten fängt es an, mit einem dicken Auto geht es weiter und endet nicht selten auf verschiedensten Meetings in der Vorstandsetage einer renommierten Firma. Die Emotionalität bleibt dabei manchmal auf der Strecke. Oder kennen Sie einen Mann, der abends nach Hause kommt und sagt: „Schatz, ich muss dir unbedingt erzählen, was meine Seele heute wieder im Innersten berührt hat."?

Inzwischen konnten Wissenschaftler sogar nachweisen, dass das Zentrum im männlichen Hirn, das zuständig für Kommunikation und Fürsorge ist, wesentlich kleiner ist als das von Frauen. Dafür ist aber das Zentrum für Sexualität und Aggression deutlich größer.

Aufmerksamen Beobachtern dürfte das auch ohne wissenschaftliche Belege schon früher aufgefallen sein. Aber man muss sich mit den Folgen nicht abfinden: Wenn zu Hause das Element Feuer überhandzunehmen droht, empfiehlt es sich, diese Energie etwas einzudämmen. Das geht am besten, indem man die Geschmacksrichtungen sauer, salzig und scharf deutlich reduziert zugunsten der Geschmacksrichtungen süß und bitter. Das heißt, den Herren statt Chips, Zitronenlimo und Chilipizza besser ein mildes Kokoscurry mit Süßkartoffeln, Mangold und Reis reichen!

Vata oder warum bei Oma auch im Sommer die Heizung auf volle Pulle läuft ...

Meine Oma Elisabeth, Gott hab sie selig, hatte im Februar Geburtstag. Trotzdem saßen wir in ihrer guten Stube, als wären wir bei einer Sommerparty auf Hawaii eingeladen – alle in Shorts und T-Shirts. Denn obwohl Omas Wohnzimmer maximal 15 qm groß war und wir locker 20 Leute waren, die an sich schon wahnsinnig viel Wärme produzierten, hatte sie ihre alte Ölheizung volle Pulle hochgedreht.

Sie selbst saß am Kopfende der Tafel in ihrem Oma-Chefsessel, das Heizkissen im Rücken, die kuschelige Strickjacke an, eine Decke über den Beinen und fette Fellpantoffeln an den Füßen. Temperaturmäßig war das für sie geradeso okay. So hatten wir quasi auf ganz kleinem Raum zwei gefühlte Klimazonen: bei Oma die Antarktis, bei uns die Subtropen. Aus Sicht des Ayurveda war das Wärmebedürfnis meiner Oma ganz natürlich. Denn mit zunehmendem Alter steigt die Dominanz des Vata-Doshas, vor allem auf körperlicher Seite, deutlich an.

Vata ist die Kombination aus den Elementen Luft und Äther. Übersetzt heißt es so viel wie „das, was die Dinge bewegt". Daher ist die Energetik von Vata auch bewegt, dynamisch, leicht, flexibel, kalt, rau und trocken. Es regelt die Dynamik hinter allen Stoffwechselprozessen, die Atmung und alles, was im Körper mit Ausdehnen und Zusammenziehen zu tun hat. Vata fördert Empfindungen von Kühle, Nervosität und Aufregung. Das Vata-Dosha dominiert die Zeit zwischen 14 und 18 Uhr tagsüber sowie zwischen 2 und 6 Uhr morgens. Es gilt für die Jahreszeit Herbst und die Lebensjahre jenseits der 45.

Ganz pragmatisch nehmen mit zunehmendem Alter die Energie von Wasser und Feuer deutlich ab. Sind kleine Kinder noch wie vor Kraft strotzende Michelin-Männchen mit ständig laufender Nase, verlieren alternde Menschen ungewollt immer mehr Pfunde und bekommen immer dünnere Haut. Auch die Verdauung ist ein ganz besonders heikles Thema für viele ältere Menschen.

Besonders gut tun deshalb warme und nährende Speisen, wie zum Beispiel Suppen, Eintöpfe oder Aufläufe. Auf kalte Getränke, ungekochte Gerichte oder gar Rohkost sollte man in diesem Lebensabschnitt verzichten. Manchmal tut sogar ein extra Löffel gutes Öl der Verdauung sehr gut. Da Vata die Zeit zwischen Mittag und Abendessen dominiert, sind kleine Snacks und Zwischengerichte sowie süße Kleinigkeiten in dieser Zeit die richtigen Energiequellen.

ADHS & AYURVEDA

{Von Elmar Stapelfeldt}

Liebe Leserinnen und Leser, ich freue mich über den Beitrag meines Freundes und Weggefährten Elmar zu meinem Kochbuch. Elmar ist durch seine langjährigen Studien im Bereich Indologie und seine vielfältigen Erfahrungen mit dem Ernährungs- und Medizinsystem des Ayurveda einer der führenden Experten auf diesem Gebiet.

Welches sind die Momente, in denen wir besonders glücklich sind? Meist ist es, wenn wir mit ganzem Herzen eine Sache tun. Auf natürliche Weise werden dann unsere Aufmerksamkeit und Sinne von dem angezogen, womit wir gerade beschäftigt sind. Diese Augenblicke senken sich tief in unsere Erinnerung. Wenn wir überfordert sind und innerlich unruhig, wie z. B. bei Stress, geschieht das Gegenteil. Im Sturm von sorgenvollen Gedanken und negativen Gefühlen verlieren wir die innere Stabilität, sodass wir uns weder konzentrieren noch etwas behalten können.

Ist ein solcher Zustand extrem, stellt sich bei Kindern in der Medizin die Frage nach der Diagnose „Aufmerksamkeitsdefizit-(Hyperaktivitäts)-Syndrom", kurz AD(H)S. Sie wird gestellt, wenn Unaufmerksamkeit, Überaktivität und Impulsivität in ausgeprägter Form vorliegen. Zwei Varianten werden unterschieden – mit und ohne Hyperaktivität. Bei den einen äußert sich die Unaufmerksamkeit durch „Träumen". Bei der anderen ist es die permanente und für die Umwelt belastende Unruhe, die „Hyperaktivität". AD(H)S-Kinder haben eine geringe Ausdauer und sind wenig belastbar, sodass sie die schulischen Herausforderungen kaum meistern können. Durch beständige Misserfolge bildet sich das Selbstbewusstsein nicht hinreichend aus und verschiedene Schwierigkeiten im Umgang mit anderen entstehen. Es ist wahr: 1–6% – ca. 500.000 – der Kinder in Deutschland sind von einem solchen inneren Zustand bestimmt.

Bei Erwachsenen werden andere Begriffe verwendet: Stress, Nervosität, innere Unruhe, Schlafstörungen, Depression, Burnout – innere Zustände, die sich zumindest zum Teil mit den Symptomen des AD(H)S überschneiden.

Wo liegen die Ursachen?

Der Ayurveda geht in vielerlei Hinsicht anders vor als die Schulmedizin, so auch bei der Einschätzung der Entstehung von gesundheitlichen Beschwerden. Die Beschreibungen sind meist einfacher und bildlicher. Im Zentrum der Betrachtung stehen Qualitäten, die eine Atmosphäre, eine Umgebung, ein Milieu beschreiben. Bei ADHS ist es die Eigenschaft „beweglich", die für ein Zuviel an Bewegung, Veränderung, Geschwindigkeit, Anregung, Informationen steht. Sie wird dem Steuerprinzip Vata zugordnet. Vata heißt „Wind" und das Bild vom Wind, der im Geist der Kinder entfesselt ist, eignet sich tatsächlich, um die Problematik verständlich zu beschreiben. Denken Sie an einen Wirbelsturm, der Gedanken und Gefühle aufwirbelt wie Staub. In einem Meer von tanzenden Staubkörnern findet der Geist keinen Halt. So verankern sich nur wenige Sinneseindrücke in der Erinnerung.

Aber woher kommt diese Bewegung in dem Gemüt des Kindes? Sie entsteht durch viele Faktoren. Jeder weiß, wie sehr Reiz- und Informationsflut uns innerlich aufwühlen. Natürlich sind auch schulische Überforderung, Computerspiele und nicht altersgerechte Filme Ursachen. Aber am wichtigsten sind die Erfahrungen und das Lebensumfeld des Kindes. Bei uns Erwachsenen entstehen die größten inneren Spannungen, wenn die Grundfesten unseres Lebens ins Wanken geraten, wie Partnerschaft, Freunde, Beruf, Lebensunterhalt oder Gesundheit. Besonders nach emotionalen Zusammenbrüchen durch Trennung von langjährigen Partnern oder durch Überforderung im Beruf beschreiben Menschen einen Zustand, der ADHS ähnlich ist. Treibende Gefühle und Gedankenschleifen, Konzentrationsstörungen, starke innere Unruhe – im Unterschied zu Kindern haben Erwachsene die emotionalen und körperlichen Impulse, die daraus hervorgehen, nach außen meist im Griff. Kinder jedoch spüren die inneren Spannungen ihrer Eltern oder Umgebung. Es scheint so, als ob sie die Probleme von uns Erwachsenen in überdeutlicher Form ausagieren würden. Dies ist eine andere Art auszudrücken, dass Spannungen im sozialen Umfeld insbesondere in der Familie zu ADHS führen oder zu seiner Entstehung beitragen. Haben Kinder früh mit emotionaler Überforderung wie der Trennung der Eltern zu tun, so sind diese Konflikte so mächtig, dass die Gedanken und Gefühle der Kinder nicht zur Ruhe kommen. Kinder können diese Zusammenhänge nicht voll erfassen und haben nicht die Möglichkeit, die Probleme zu lösen. Diese Ohnmacht fördert die Spannung, die sich in impulshaftem Verhalten Ausdruck verschafft. Die Gefahr von ADHS, dass die schulischen Aufgaben nicht bewältigt werden können, weil sich das Kind nicht konzentrieren und sich wenig merken kann, ist zwar groß, aber viel schlimmer ist aus meiner Sicht, dass sich das Grundgerüst der tragenden Gefühle, insbesondere das Selbstvertrauen und die Liebesfähigkeit nicht aufbauen können.

Behandlungsansätze

Diese Grundüberlegungen legen nah, dass die Behandlung des ADHS sehr komplex ist. In der Schulmedizin besteht die Standardtherapie meist in der Gabe von Medikamenten, besonders Methylphenidat (bekanntestes Produkt: Ritalin), wodurch die Symptome gelindert werden können. Dies ist bei starken Beschwerden auch sinnvoll, damit die Kinder in der Schule nicht zu sehr abfallen und durch ihr Verhalten nicht ins soziale Abseits rutschen. Allerdings ist dies keine ursächliche Behandlung. So wird auch Psychotherapie für das Kind und die Familie empfohlen. Zudem gibt es weitere Methoden, die allerdings selten allgemein anerkannt sind. Besonders sinnvoll erscheint die körperliche Bewegung. Beim Sport können die Kinder ihre innere Unruhe ausagieren und lernen, sich über ihren Körper zu spüren. Auch Yoga hat sich als therapeutischer Ansatz bereits sehr bewährt und ist geeignet, seelisch-emotionale Dysbalancen über vielschichtige Ansätze auszugleichen.

Ursächliche Behandlung ist für die Familie eine Herausforderung. Wenn die Kinder sehen, dass wir den größten Teil unserer Freizeit vor Bildschirmen verbringen, so ist es natürlich, dass sie diesem Vorbild folgen. Sehr wichtig ist, unseren Kindern echte Aufmerksamkeit zu schenken. Wir sollten versuchen, mit den Kindern Dinge zu tun, die auch uns Freude machen. Je mehr es uns gelingt, uns zusammen mit unserem Kind einem Projekt zu widmen und mit ihm Probleme zu lösen, die bei der Entwicklung auftreten, desto mehr lernen es die Kinder. Erleben die Kinder, dass wir die Herausforderungen des Lebens angehen, selbst wenn wir nicht immer erfolgreich sind, so prägt sich dies in ihr Verhalten. Kinder müssen handeln lernen und sich für Dinge zu engagieren, die einen tragenden Sinn ergeben. Selbstvertrauen entsteht durch die Erfahrungen aus beständigem Tun, sagt Ayurveda.

Wie kann Ayurveda helfen?

Ein guter Beginn für die ayurvedische Therapie sind Ölmassagen. Berührung ist ein wesentlicher Behandlungsfaktor, sowohl für die Gefühle der Kinder als auch für ihre Selbstwahrnehmung über den Körper. Bei AD(H)S müssen es erfahrene Therapeuten sein, die schnell ein Vertrauensverhältnis mit den Kindern aufbauen können und mit viel Einfühlungsvermögen die Kinder in die Entspannung führen können. Gut wäre, wenn die Eltern von dem Therapeuten grundlegende Griffe erlernen und die Kinder regelmäßig massieren. Die Gefühlsverbindung, die diese Massagen möglich machen, ist von enormer therapeutischer Bedeutung. Auf vorübergehende Ablehnung oder Zwischenfälle sollte man gefasst sein. Der Einstieg über die Füße hat sich sehr bewährt und eine abendliche Fußmassage mit Ghee wird im Ayurveda bei Schlafstörungen sehr empfohlen.

Eine weitere wichtige Säule der Behandlung ist die Pflanzenheilkunde. Im Ayurveda existiert eine Reihe von Pflanzen, die sich für die Regeneration des Geistes und des Nervengewebes bewährt haben. Besonders bekannt ist Brahmi (Bacopamonniera), die traditionellerweise zur Förderung der Gedächtnisleistung, aber auch bei verschiedenen psychischen Störungen eingesetzt wird. Sie kann auch flankierend zu Ritalin eingesetzt werden.

Ernährung spielt im Ayurveda eine entscheidende Rolle – für die Entstehung, Linderung und Vorbeugung von Krankheiten. Einzelne Nahrungsmittel gelten als aufhellend und klärend für den Geist wie Safran, Ghee, Mandeln, Reis, Dinkel, gekochte Milch, Weintrauben, Mango. Sicher überrascht Sie, dass Milch und Weizen Teil der Liste sind, da sie doch als Ursache für viele Unverträglichkeiten gelten. Im Ayurveda zählen sie tatsächlich zu den hochwertigsten Nahrungsmitten überhaupt. Dazu allerdings müssen sie von höchster Qualität in Herstellung und Verarbeitung sein. Besonders für die Milch gilt eine Reihe von Regeln, die sich in allen Ayurveda-Büchern nachlesen lassen. Gewisse Nahrungsmittel sollten bei einem irritierten Geist hingegen gemieden werden. Neben den auch in unserem Kulturkreis als ungesund definierten Nahrungsmitteln sollte besonders auf Fleisch, Fisch, Eier, aber auch auf Stimulanzien wie scharfe Gewürze, Knoblauch, Genussmittel wie Kaffee und schwarzen Tee verzichtet werden. Wichtiger noch als die einzelnen Nahrungsmittel ist der Rhythmus der Nahrungsaufnahme. Wenn der Mensch eine regelmäßige Mittagsmahlzeit zu sich nimmt, so eicht er den Biorhythmus in positiver Weise. Die Regelmäßigkeit im Tagesablauf ist die ideale Maßnahme, um Vata in gesunde Bahnen zu lenken.

Die Ernährung wird als „Säule des Lebens“ im Ayurveda bezeichnet. Auf ihr beruht die Gesundheit unseres Körpers. Das Wohlergehen unserer Psyche wird nach Ayurveda durch einen gesunden Schlaf getragen. Dies ist für Kinder besonders wichtig. Reizüberflutung am Abend führt zu schlechtem Schlaf. Die genannte Fußmassage mit Ghee hingegen und eine warme Gewürzmilch mit Kardamom, Safran, Waldhonig und Muskat fördert den Schlaf.

In der Zeit zwischen Sonnenuntergang und ca. 22 Uhr herrscht nach ayurvedischer Beobachtung das Kapha-Prinzip in der Natur vor, das Bettschwere und einen leichten Übergang in einen erholsamen Schlaf ermöglicht. Betroffene Kinder sollten möglichst nicht länger als 21 Uhr aufbleiben. Neben Ernährung und Schlaf sind Anstrengung und Ausruhen weitere Rhythmusgeber unserer inneren Gesundheit. Je regelmäßiger all diese Faktoren über den Tag verteilt sind, desto besser kann sich innere Stabilität bei den Kindern entfalten.

ELMAR STAPELFELDT studierte Sanskrit und Ayurveda-Klassiker an der Universität Tübingen und erlangte seinen Magister der Indologie mit Auszeichnung. Im Rahmen seiner medizinischen Ausbildung verbrachte er fast zwei Jahre an indischen Ayurveda-Kliniken. Seit 2003 ist er als Ayurveda-Heilpraktiker und -Kurleiter tätig und unterrichtet im Rahmen medizinischer Ausbildungen. Viele Jahre koordinierte er die medizinischen Lehrgänge der Europäischen Akademie für Ayurveda, insbesondere den Studiengang MSc Ayurveda Medizin. Durch die Bücher „Ayurveda Manualtherapie und Ausleitungsverfahren“ und „Praxis Ayurveda Medizin“ förderte er zusammen mit seinem Lehrer Prof. S.N. Gupta die Verbreitung des Ayurveda in medizinischen Fachkreisen. Seit 2012 ist er wissenschaftlicher Mitarbeiter, Ernährungsberater und Heilpraktiker am Berliner Immanuel-Krankenhaus. Sie erreichen ihn unter e.stapelfeldt@immanuel.de

DIE SECHS **GESCHMÄCKE**

Was macht ein ayurvedisches Essen so außergewöhnlich? Kurz gesagt ist es die Kombination dieser sechs Komponenten: süß, sauer, salzig, scharf, bitter und zusammenziehend. Die Ausgewogenheit dieser sechs Geschmacksrichtungen ist aus der Sicht des Ayurveda das Geheimnis eines vollkommenen Essens.

Viel Typen = viel Aufwand?

Ich höre oft die Frage in meinen Kursen: „Es gibt doch diese Typen im Ayurveda. Muss ich dann in einer Familie nicht auch für jeden unterschiedlich kochen?" Dazu ein klares „Nein!" Denn sind in einer Mahlzeit alle Geschmacksrichtungen enthalten, sind automatisch auch alle Elemente und Doshas abgedeckt und für jeden ist etwas dabei.

Verschiedene Lebensmittel können immer auch mehrere Geschmacksrichtungen in sich vereinen. Zimt zum Beispiel ist süß und scharf zugleich, ebenso wie Kardamom. Ingwer und Knoblauch beinhalten sogar bis auf salzig alle Geschmäcker.

Es gibt Lebensmittel, die zwar süß schmecken, aber energetisch erhitzend auf den Körper wirken, z. B. Eier und Honig. Deshalb ist Honig auch ein guter Schleimlöser und geht als einziges Süßungsmittel nicht auf die Hüften!

SÜSS

besteht aus den Elementen Wasser und Erde. Es hat kühlende Eigenschaften. Zum Beispiel: Kartoffeln, Mango, Birnen, Ghee, Rohrzucker, Mehl, Milch, Sojamilch, Butter, ungesalzener Käse, Honig, Kokosöl, Maisöl, Sonnenblumenöl, Ahornsirup, Agavendicksaft, alle Linsen und Hülsenfrüchte, Rote Bete, Brokkoli, Kohl, Karotten, Gurken, Zucchini, Äpfel, Bananen, Feigen, Datteln, Pflaumen, Kardamom, Zimt, Sesam, Gerste, Weizen, Reis, Mais, Hirse und fast alle Nüsse.

SAUER

besteht aus den Elementen Feuer und Erde. Es hat erhitzende Eigenschaften. Zum Beispiel: Safran, Mango, Käse, Joghurt, Tomaten, grüne Trauben, Orangen, Granatäpfel, Ananas, Limetten, Grapefruit, Erdbeeren, Tamarinde, Essig.

SALZIG

besteht aus den Elementen Feuer und Wasser. Es hat erhitzende Eigenschaften. Die einzigen natürlichen Quellen sind Salze und Algen.

SCHARF

besteht aus den Elementen Feuer und Luft. Es hat eine erhitzende Wirkung. Zum Beispiel: Zwiebel, Pfeffer, Dill, Koriander, Ingwer, Rettich, Anis, Zimt, Kardamom, Gewürznelken, Kümmel, Knoblauch, Senfsamen, Kurkuma, Chili.

BITTER

besteht aus den Elementen Luft und Äther. Es hat eine kühlende Wirkung. Zum Beispiel: Koriander, Kümmel, Sesam, Kürbissamen, Karotten, Spargel, Mangold, Chicorée, Radicchio, Rosenkohl, Quinoa, Blumenkohl.

ZUSAMMENZIEHEND

besteht aus den Elementen Erde und Luft. Es hat eine kühlende Wirkung. Zum Beispiel: Kartoffeln, Ingwer, Koriander, Safran, Ziegenmilch, Kichererbsen, weiße Bohnen, Linsen, Brokkoli, Kohl, Karotten, Sellerie, Salat, Gurken, Spinat, Sprossen, Zucchini, Granatäpfel, Kümmel, Gerste, Buchweizen, Walnüsse, Sonnenblumenkerne.

AM BESTEN verwendet man in jedem Gericht von jeder Geschmacksrichtung etwas: Eine Empfehlung aus dem Ayurveda lautet, in einer Mahlzeit sollten alle sechs Geschmacksrichtungen enthalten sein. Keine Panik, das bedeutet nicht, dass man für eine Mahlzeit eines vierköpfigen Haushalts 24 Töpfe braucht ... Der Trick ist, alles in einen Topf zu packen!

PFANNKUCHEN MIT MANGO-CHUTNEY

{Da wird selbst der Pfannkuchen ayurvedisch!}

30 MIN. = FÜR 8 STÜCK

Für das Chutney

1 Mango = süß, sauer
1 Birne = süß
1 kleines Stück Ingwer = süß, sauer, scharf, bitter, zusammenziehend
2 EL Ghee = süß
3 EL Rohrzucker= süß
200 ml Wasser
½ TL Salz = salzig
1 Bund Koriander = bitter, scharf, zusammenziehend

Für die Pfannkuchen

2 Eier = süß, zusammenziehend
2 EL Rohrzucker
100 g Mehl = süß
Salz = salzig
300 ml Sojamilch = süß
3 EL stilles Mineralwasser
5 EL Ghee = süß

DIE MANGO schälen, Fruchtfleisch vom Kern entfernen und in kleine Würfel schneiden. Birnen vierteln, Kerngehäuse entfernen, klein schneiden. Ingwer schälen und fein hacken.

DAS GHEE in einer Pfanne erhitzen. Ingwer unter Zugabe des Zuckers 3 Min. karamellisieren lassen. Dann Mango und Birne zugeben, kurz andünsten. Wasser zugießen und das Chutney 20 Min. zugedeckt bei mittlerer Hitze köcheln lassen. Mit Salz abschmecken.

DEN KORIANDER hacken und vor dem Servieren über das Chutney geben.

FÜR DIE PFANNKUCHEN Eier, Rohrzucker, Mehl und Salz in ein hohes Gefäß geben. Sojamilch und Mineralwasser zufügen und alles mit dem Handrührgerät zu einem sämigen Teig rühren. Teig 5 Min. ruhen lassen.

DAS GHEE in einer Pfanne erhitzen. Pro Pfannkuchen eine kleine Kelle Teig in die Pfanne geben und von jeder Seite 3–4 Min. goldbraun ausbacken.

WAS WARMES ESSEN MIT GUTER AUSSTRAHLUNG ZU TUN HAT

IM AYURVEDA WIRD uns empfohlen, möglichst alle Mahlzeiten warm zu sich zu nehmen. Warum?

Jeder von uns hat zwei Verdauungsfeuer im Körper. Das eine sitzt im Magen und verarbeitet alle grobstofflichen Eindrücke, sprich Nahrung. Das andere sitzt im Geist. Es verarbeitet alle feinstofflichen Eindrücke, wie zum Beispiel Emotionen, Erlebnisse und Gespräche.

Nicht ohne Grund gehören im Ayurveda Verdauung und Psyche unmittelbar zusammen, denn sowohl Nahrung als auch Emotionen müssen „verdaut" werden. Man merkt es daran, dass alle, die einen „Knoten im Darm" haben, auch einen „Knoten im Kopf" haben und umgekehrt. Dabei ist es egal, ob mir eine fette Schweinshaxe mit Knödeln und Kraut die Verdauung lahm legt oder ob es ein Gespräch ist, das ich längst hätte führen müssen. Ob ich es in meine körperliche oder seelische Hälfte der Biotonne packe, ist im Prinzip das Gleiche. Nur, wenn ich meine Tonne nicht mal auspacke, fliegt sie mir irgendwann um die Ohren.

Wir sagen „jemand hat Ausstrahlung". Wer nach außen strahlt, hat immer auch ein gutes inneres Feuer. Und der hat, auf Deutsch gesagt, auf allen Ebenen seinen Restmüll verdaut. Das alles fällt um einiges leichter, wenn man warmes Essen zu sich nimmt. Denn dann hat man einen Großteil des alles verdauenden Feuerprozesses schon vorweggenommen. Dadurch muss der Körper nicht mehr so viel eigene Energie für die Verdauung aufbringen und kann sie lieber in die Ausstrahlung stecken. Da höre jetzt schon wieder den Aufschrei der Vitamin-Rohkost-Liga: „Aber die schönen Vitamine und die wertvollen Ballaststoffe ...!

Aber ehrlich gesagt, es kommt nicht darauf an, wie viel Vitamine außen draufstehen! Es kommt darauf an, wie viel Energie bei mir in den Zellen ankommt und ob mein individuelles Verdauungsfeuer genug verbrennen kann.

In diesem Zusammenhang will ich noch ein paar Worte zum Thema Fleisch verlieren. Man isst es zwar meistens warm, aber dem Verdauungsfeuer ist es trotzdem nicht gerade zuträglich. Bis tierisches Eiweiß verdaut ist, kann es gut und gerne zwölf bis vierzehn Stunden dauern. Pflanzliches Eiweiß hingegen ist nach drei bis vier Stunden weg. Also, bevor ich mir von einem Steak zwölf Stunden Energie zum Verdauen rauben lasse und mich zu einem schlappen, schnarchenden Sack entwickle, koche ich der Lady doch lieber ein vegetarisches Candle-Light-Menü und nutze die gewonnenen acht Stunden an Energie für wesentlich lustvollere Dinge ...

In meinen vegetarischen Männerkochkursen, vor allem bei den „Gutschein-Männern“, sind ab und zu ein paar Spezialfälle dabei, die sagen: „Ohne Fleisch hätte sich unser Gehirn seit der Steinzeit gar nicht so weit entwickeln können.“ Mal abgesehen davon, dass ich mich manchmal frage: „Entwickelt? Wohin?“, ist das auch ganz schlecht recherchiert. Denn es ist mittlerweile sogar wissenschaftlich nachgewiesen, dass die eigentliche Evolution in unserem Ernährungsverhalten stattfand, dass wir gelernt haben, unsere Nahrung zu erwärmen!

Eine Kartoffel ist ungekocht energetisch für den Körper praktisch wertlos, denn erst durch den Kochprozess wird die Stärke aufgeschlossen und unser Körper kann dadurch die Kohlenhydrate in Energie umsetzen. Warum wohl fressen Affen pro Tag mehrere Kilo kaltes Grünzeug? Richtig, weil 80 % unverwertet und unverdaut unten rausfliegen, so wie sie oben reingekommen sind. Die ganz vielen tollen Vitamine übrigens auch.

Getränke zum Essen

Um es mal ganz klar zu sagen: Kalte Getränke und Verdauung verstehen sich überhaupt nicht. Eher das Gegenteil ist der Fall. Kalte Getränke killen die Verdauung. Dabei ist eine gut funktionierende Verdauung körperlich wie seelisch die unerlässliche Grundlage für eine dauerhafte Gesundheit. Punkt. Wenn eine Sache im Ayurveda absolut unverhandelbar ist, dann die Nummer mit der Verdauung!

Man ist im Ayurveda geradezu Verdauungsfetischist und unsere modernen Zivilisationskrankheiten hängen demnach mit einer mangelhaften Verdauung zusammen. Natürlich auch mit dem kaum noch zu verarbeitenden Alltagsstress. Immer schneller, höher, weiter ist die Devise und das in Kombination mit Unmengen von unpassendem Essen. Kein Wunder, dass viele fix und fertig sind und kurz vorm Burnout stehen. Ayurveda kann Abhilfe schaffen, denn da ist die ganze Ernährung darauf ausgerichtet, die Verdauung möglichst wenig zu belasten! „Minimale Belastung bei maximaler Nahrung.“ Diesen Satz bitte 100 Mal aufschreiben!

Das Verdauungsfeuer darf nicht überstrapaziert werden. Wenn Sie allerdings zum Essen eine kalte Cola oder einen Eistee trinken, ist das quasi der Supergau. Man muss sich das so vorstellen: In unserem Magen lodert eine zarte Flamme. Die gilt es in Ehren zu halten, weil sie im Grunde unsere Lebensenergie produziert. Wenn man sie mit warmen Speisen und Getränken zur richtigen Zeit füttert, kann sie ungestört ihre Brennarbeit verrichten, was sich in einer unfassbar guten Ausstrahlung bemerkbar macht.

Wenn Sie Cola auf die Flamme schütten, ist es, als wenn Sie ein Lagerfeuer erst mit Bergen von Baumstämmen so richtig zum Auflodern bringen, dann aber kübelweise Eiswasser draufkippen. Was passiert? Die Veranstaltung ist sofort beendet!

Also vor, während und nach dem Essen niemals gekühlte Getränke zu sich nehmen. Auch von Vanilleeis mit heißen Himbeeren zum Nachtisch sollten Sie besser die Finger lassen. Sie wissen doch, was passiert, wenn Sie in eine Pfanne mit heißem Öl Eiswasser kippen. Das Ganze fliegt Ihnen um die Ohren.

Falls Sie arabische Freunde haben oder schon mal in der arabischen Welt unterwegs waren, ist Ihnen sicher aufgefallen, dass dort auch bei großer Hitze Tee getrunken wird. Die Einzigen, die kaltes Wasser, kalte Fanta oder Cola trinken, sind Touristen. Die dann nach einer Stunde wissen wollen, was Kohletablette auf Arabisch heißt …

Die Häufigkeit der Mahlzeiten

Grundsätzlich gilt der Ratschlag, erst dann wieder etwas zu essen, wenn die vorherige Mahlzeit komplett verdaut ist. Sie merken das am leichten Hungergefühl, das gerade bei Kindern meist noch optimal und verlässlich funktioniert. Je nach Typ kann das zwei bis vier Stunden dauern. Deshalb gibt es keine strikten Vorgaben, jeder setzt seinen eigenen Maßstab. Wichtig ist, dass das Essen warm ist und von der Menge her nie mehr, als in die zu einer Schale zusammengelegten Handflächen passen würde. Keine Sorge, es wird keiner verhungern!

Nach ayurvedischen Lehren sollte man die Hauptmahlzeit immer mittags einnehmen. Denn wenn die Sonne am höchsten steht, haben wir das beste Verdauungsfeuer im Verlauf des Tages.

Milch in Maßen

Mein Freund Elmar Stapfelfeld, Ayurveda-Experte am Immanuel Krankenhaus in Berlin, der den Beitrag ADHS & Ayurveda (Seite 21) geschrieben hat, sagt in unseren gemeinsamen Kochkursen einleitend immer den schönen Satz: „Ayurveda beginnt eigentlich damit, dass man sich eine Kuh kauft." Damit ist die Diskussion eröffnet, denn Milch ist ein Thema, über das sich wunderbar streiten lässt, je nachdem welcher ernährungstechnischen Glaubensgemeinschaft man angehört.

Fakt ist aus Sicht des Ayurveda, dass Kuhmilch zwar sehr nahrhaft, aber auch sehr schwer verdaulich ist, vor allem für einen zarten Kindermagen! Milch wird deshalb nur sparsam verwendet und eher als eine Art wertvolle Zutat. Das lässt sich auch auf unsere hiesigen Breitengrade übertragen.

Schauen Sie sich doch mal eine Kuh genau an, sofern Sie demnächst an einer vorbeikommen. Wenn man dieses Riesentier so auf der Weide rumstehen sieht, bekommt man eine Ahnung davon, welche Kraft in ihrer Milch stecken und wie sie sich energetisch auf uns auswirken könnte. Dynamisch ist was anderes!

Die Milch, die der Ayurveda traditionell beschreibt, ist sehr nährend, erdend und schmeckt süß. Ursprünglich kam die Milch von einer Kuh, die glücklich irgendwo auf indischen Bergwiesen graste. Heute und hierzulande ist Milch der Verschnitt einer ganzen Herde hochgezüchteter 10.000-Liter-Superleistungskühen, die nie eine Weide aus der Nähe gesehen haben und die schlimmstenfalls, rein prophylaktisch natürlich, mit Medikamenten vollgepumpt und mit Trockenpellets gefüttert wurden. Also, aus diesem Grund würde ich Ihnen wirklich abraten, Milch als Nahrungsmittel anzusehen, dass man andauernd und in großen Mengen konsumieren müsste.

Gut, es gibt inzwischen gute Bio-Milch, die zwar auch nicht mehr von einer einzigen Kuh stammt, aber bei der man sich wenigstens sicher sein kann, dass die Spender einigermaßen artgerecht gehalten wurden. Diese Bio-Milch kommt der Qualität, die Milch im Ayurveda zugeschrieben wird, einigermaßen nah. Deshalb gilt: Kaufen Sie nur Milch in bester Qualität. Kochen Sie sie vor dem Trinken einmal kurz auf und geben Sie in die heiße Milch immer etwas Zimt und Kardamom, so wird sie leichter verdaulich.

Wer überhaupt nicht mit Kuhmilch zurechtkommt, kann natürlich auf die bekannten Alternativen wie Soja-, Hafer-, Reis- oder Mandeldrink zurückgreifen, die auch in den Rezepten in diesem Buch zum Einsatz kommt.

Unser „gesundes" Müsli aus ayurvedischer Sicht

Was halten die Deutschen für ein gesundes Frühstück? Getrocknetes Getreide, rohe Früchte, kalte Milch und Orangensaft. Aus ayurvedischer Sicht ist das eine Katastrophe für die Verdauung!

Warum? Unsere Verdauung steht mit dem Lauf der Sonne in Verbindung. Morgens und abends, wenn die Sonne tief steht, haben wir wenig (Verdauungs-)Feuer zur Verfügung, können also nur leicht Verdauliches verarbeiten. Mittags, wenn das Verdauungsfeuer, wie schon gesagt, heftig lodert, kann man auch dickere Brocken schlucken.

Wenn Sie nun ein Müsli mit kalter Milch essen, dann ist es so, als würden Sie auf eine Miniflamme des Gasherdes einen 500-Liter-Topf mit eiskaltem Wasser stellen, um diesen zum Kochen zu bringen. Dauert Stunden bis Tage …

Ganz oft höre ich von Kursteilnehmern: „Wenn ich ein Müsli zum Frühstück hatte, brauche ich stundenlang nichts mehr zu essen." Ganz klar, warum! Weil der Körper ewig braucht, bis er diese Belastung aus kalter Milch und Körnern verdaut hat. Nicht ohne Grund leiden diverse Leute an dauerhafter Verstopfung, Frauen sogar doppelt so häufig wie Männer. Wahrscheinlich sehr zur Freude der Abführmittelindustrie!

Was der Verdauung auch absolut nicht guttut, ist die Kombination aus Milch und sauren Früchten. Es sei denn, man will in die Sennerei einsteigen. Milch und Fruchtsäure gerinnt immer und ergibt Käse, der vom morgendlichen Verdauungsfeuer ebenfalls kaum zu bewältigen ist.

Im Rezeptteil habe ich Ihnen einige warme Frühstücksvarianten zusammengestellt, die einfach zuzubereiten sind und die das Verdauungsfeuer nicht überstrapazieren.

Warum herkömmlicher Käse nur etwas für Hartgesottene ist

Stellen Sie sich mal vor, Sie buchen ein Essen bei mir. Als Spezialität des Abends serviere ich Ihnen die verschimmelten Reste aus der Biotonne und serviere dazu einen guten Rotwein.

Klingt nicht gut, oder? Aber energetisch gesehen passiert genau das bei ganz vielen Käse- und Weinabenden. Dabei macht es nicht wirklich Sinn, ein Lebensmittel zum Verrotten in den Keller zu legen, um es sich dann aufs Brot zu schmieren.

Nahrung sollte immer möglichst frisch und hochwertig sein und nichts, was verschimmelt oder vergammelt ist. Ich kann schon den Aufschrei des Entsetzens hören: „Wie kann der nur, unser guter Käse." Tatsächlich soll niemandem der Käse verboten werden. Energetisch ist er nur nicht so der Knaller. In Kreisläufen gedacht, profitiert dann aber auch wieder die Spirituosenindustrie, wenn man nämlich versucht, die Ziegelsteine im Magen irgendwie mit diversen Schnäpsen kleinzukriegen.

Im klassischen Ayurveda gibt es nur eine Art von Käse, den sogenannten Paneer. Der wird frisch zubereitet, indem man Milch zum Gerinnen mit Säure versetzt. Der so entstandene Paneer wird abgepresst und möglichst zeitnah gegessen.

Müssen wir wirklich Fleisch essen?

Wenn Sie mich fragen, gehört Fleisch in die Apotheke. In Ausnahmefällen, zum Beispiel bei extremer Auszehrung, kann es therapeutisch angemessen sein, kurzfristig Fleisch zu essen, ansonsten ist eher davon abzuraten.

Im Ayurveda ist man davon überzeugt, dass die Aggression des Schlachtens, die Gewalt des Tötens und die Angst der Tiere dabei im dem Fleisch stecken, das wir dann essen. Dadurch nehmen wir diese aggressive Energie dann sozusagen 1:1 in uns auf.

Deshalb ist es eigentlich verwunderlich, dass viele Eltern panische Angst haben, dass ihre Kinder Mangelerscheinungen bekommen könnten, wenn sie kein Fleisch äßen. Was denn für Mangelerscheinungen?

Es heißt, kein anderes Lebensmittel würde so viel gutes Eiweiß enthalten und für gesunde Lebenskraft sorgen. Faktisch ist das Unsinn. Wenn man sich auch nur ansatzweise mit Ernährung beschäftigt, stellt man fest, dass es durchaus viele gute Eiweißlieferanten außer Fleisch gibt. Hülsenfrüchte enthalten teilweise sogar mehr Eiweiß als ein Steak. Und wenn Sie das Gemüse dann noch mit Reis kombinieren, kommen Sie auf den gleichen Nährwert, den Fleisch hat. Dabei sind pflanzliche Eiweiße für die Kleinen (und Erwachsene!) sogar leichter zu verarbeiten als tierische.

GHEE – DER KLASSIKER SCHLECHTHIN

GEKLÄRTES BUTTERFETT, GENANNT GHEE, IST DER KLASSIKER IM AYURVEDA SCHLECHTHIN UND EINE DER HOCHWERTIGSTEN FETTARTEN ÜBERHAUPT. ES IST ZUM KOCHEN BESTENS GEEIGNET, WEIL ES NICHT NUR LECKER, SONDERN AUCH GESUND UND ZUDEM HOCH ERHITZBAR IST.

Aber, oh, oh, oh, *dieses viele Fett! Für die meisten Deutschen ist es ja wie der Leibhaftige selbst, das Fett, und so ziemlich verantwortlich für alles Böse auf der Welt – Herzinfarkt, Erderwärmung und deutsches Privatfernsehen. Aber im Ernst, es gibt weder gutes noch böses Fett, es gibt nur hochwertiges und minderwertiges Fett. Die Griechen machen es vor. Sie nehmen immer nur gutes Olivenöl und das in großen Mengen. Ich weiß nicht, ob Sie Griechen im Freundeskreis haben. Wenn ja, kennen Sie wahrscheinlich Folgendes: Wenn die Griechen Olivenöl verschenken, dann eigentlich immer nur im Fünf-Liter-Kanister, das ist dann ein kleines Mitbringsel.*

WÄHREND FÜNF LITER Olivenöl für eine deutsche Durchschnittsfamilie ungefähr zwei bis drei Generationen reichen, ist bei einer griechischen Familie das Thema in zwei Wochen durch. Einer meiner Bekannten, der Feinkost importiert, hat jetzt extra für den deutschen Markt Olivenöl in 250-ml-Dosen abfüllen lassen. 250 ml Olivenöl! Damit macht meine „Adoptiv-Oma" Argyro auf Kreta eine Ladung Erbsenpüree mit ein bisschen gebratenem Gemüse. Dann war es das mit dem Fläschchen! Jetzt sind aber die Kreten komischerweise die Nation mit der niedrigsten statistisch erfassten Herzinfarktquote weltweit. Auf 100.000 Kreten kommen nur neun Herzinfarkte. Die Deutschen mit ihrer ausgeprägten Fettpanik liegen dagegen bei über 300. Das kann einen schon wundern.

AUCH DIE INDER sind nicht zimperlich, was den Einsatz von Fett betrifft. Im Ayurveda gilt Ghee als das verjüngende Lebenselexier schlechthin. Durch seine spezielle Zusammensetzung kann es fettlösliche Vitamine, Mineralstoffe und Spurenelemente transportieren. Genauso gut kann es aber auch fettlösliche Körper- und Umweltgifte binden und so hervorragende Entgiftungsarbeit leisten. Selbst wenn man Ghee über einen längeren Zeitraum zu sich nimmt, hat es keine negativen Auswirkungen auf den Cholesterinspiegel. Unter anderem deshalb bekommen die Patienten einer Ayurveda-Kur gläserweise warmes Ghee zu trinken. Hinterher sind sie um mehrere Kilo leichter und fühlen sich wie neu geboren. Nach alten indischen Lehren werden Ghee kühlende Eigenschaften zugeordnet. Es soll Fieber senken, gegen Blutarmut wirken, die Wundheilung fördern. Gleichzeitig ist es in der Lage, das Verdauungsfeuer zu fördern. Das heißt, es wirkt appetitanregend und verdauungsfördernd. Im übertragenen Sinne: Wenn man Ghee ins offene (Verdauungs-)Feuer gießt, lodert die Flamme noch mal kräftig auf!

ALSO MUT

ZU HOCHWERTIGEM FETT! GUTES FETT HAT ZWAR SEINEN PREIS, EGAL OB ES GHEE ODER OLIVENÖL IST. ABER WER BEIM AUTO-CHECKUP LOCKER 20 EURO FÜR EINEN LITER MOTORÖL BEZAHLT, KANN AUCH FÜR DAS ÖL, MIT DEM ER DEN KÖRPEREIGENEN MOTOR FÜTTERT, MEHR ALS VIER EURO INVESTIEREN.

Ghee selbst zubereiten *Butter in einem großen Topf langsam schmelzen lassen. Dabei die Butter etwas bewegen, damit sie nicht braun wird. Wenn die Butter vollständig geschmolzen ist, die Hitze erhöhen und die Butter einmal aufkochen lassen, bis sie schäumt. Dann auf niedrigste Temperatur zurückschalten und die Butter 30–40 Min. offen ganz leicht köcheln lassen. Nicht umrühren! Sobald sich die milchigen Teile goldgelb verfärbt haben und das Ghee so klar ist, dass man den Topfboden sehen kann, Ghee durch ein feines, mit einem Küchentuch ausgelegtes Sieb oder durch einen Kaffeefilter in ein sauberes Gefäß abseihen und auskühlen lassen. Wenn Sie Ghee kühl und dunkel lagern, ist es im Prinzip unbegrenzt haltbar.*

GEWÜRZKLASSIKER IM AYURVEDA

Zum Einstieg möchte ich die Anschaffung eines schweren Steinmörsers empfehlen. Nicht so ein Spielzeug aus Keramik oder Porzellan. Das ist nur was für Apotheker! Denn grundsätzlich sind frisch gemörserte Gewürze viel aromatischer als Gewürzpulver (die es im hektischen Familienhaushalt aber auch mal tun). Hier mein Gewürz-A–Z für Sie – nicht alle der hier aufgelisteten Gewürze finden in diesem Buch auch tatsächlich Verwendung, da es mir bei den Familienrezepten wirklich um einfache und nicht zu „orientalische" Ausrichtung ging. Aber wenn Sie Lust zum Aufstocken des Gewürzregals haben, finden Sie hier tolle Anregungen.

AMCHUR Das getrocknete Mangopulver verleiht Gerichten ein scharf-saures Aroma. Für seine Herstellung werden frische, noch etwas unreife Mangos in Scheiben geschnitten, getrocknet und gemahlen. Amchur wird in der ayurvedischen Küche so großzügig eingesetzt wie Zitrone in der westlichen. Für alle, die Zitrone im Essen nicht mögen und vertragen, ist Amchur eine gute Alternative.

ASAFÖTIDA Noch nie gehört? Macht nichts! Asafötida ist ein getrocknetes Harz, gewonnen aus der Wurzel der Asantpflanze. Es ist extrem aromatisch und wird nicht ohne Grund umgangssprachlich auch „Stinkasant" genannt! Sein Aroma ist ähnlich wie Zwiebel und Knoblauch zusammen. Allerdings ohne deren unangenehme Nebenwirkungen, wie Mundgeruch oder Blähungen. Traditionell wird Asafötida vor allem in Bohnen- und Linsengerichten verwendet. Auch zu Kohl passt es hervorragend. Es hilft bei Verdauungsproblemen, gegen Rheuma und Arthritis.

BOCKSHORNKLEE Die Samen des Bockshornklees erinnern im Aroma etwas an Liebstöckel. Durchs Erhitzen wird der Geschmack lieblicher und wunderbar aromatisch. Bockshornklee wird im Ayurveda zur Stärkung bei Schwächezuständen eingesetzt, außerdem hilft er bei Problemen des Nerven- und Genitalsystems sowie bei Verdauungsstörungen. Gemahlener Bockshornklee ist Hauptbestandteil vieler Curry-Mischungen. Außerdem lassen sich aus den ganzen Samen leckere und würzige Sprossen ziehen.

CHILIS Die meiste Schärfe sitzt in den Eingeweiden! Deshalb: Wer es nicht so scharf möchte, entfernt vorher Häutchen und Kerne. Es gibt verschiedene Chiliarten, die jeweils unterschiedlich schärfen. Dafür ist der Wirkstoff Capsaicin zuständig. Dieser ist übrigens auch nicht wasser-, sondern nur fettlöslich. Deshalb beim Schneiden entweder Handschuhe tragen oder nach dem Schneiden die Hände zuerst mit Öl einreiben und dann mit warmem Wasser und Seife waschen! Gemahlener Chili wird umbenannt in Cayennepfeffer.

CURRYBLÄTTER sind die Blätter des Currybaumes und haben nichts mit Currypulver zu tun. Curryblätter haben ein frisches, leicht rauchig-fruchtiges Aroma. Sie werden getrocknet und im Ganzen verwendet. Da sie sehr dünn sind, können sie mitgegessen werden. Sie werden zum Würzen von Curries oder Suppen verwendet. Kleiner Tipp: Curryblätter vor der Verwendung kurz in etwas Ghee anbraten, das macht sie aromatischer.

FENCHELSAMEN Fenchel schmeckt würzig-kräftig, ein bisschen wie Lakritz. Er ist ein bewährtes Mittel gegen Blähungen, Völlegefühl und Bauchkrämpfe. Er wirkt beruhigend und entspannend. Er eignet sich gut zum Würzen von Gerichten mit Kohl und Hülsenfrüchten. Ähnliches gilt für Kümmel, der weniger anisartig, dafür etwas herzhafter schmeckt. Meine Mutter hat ihren Krautsalat immer mit Kümmel gewürzt.

GARAM MASALA Ist eine typisch indische Gewürzmischung aus verschiedenen gemahlenen Gewürzen. Nach traditionell ayurvedischem Rezept sind vor allem Gewürze mit einer erhitzenden Wirkung enthalten. Eigentlich jede indische Familie hat ihr eigenes Garam-Masala-Rezept. Untern finden Sie meines zum Nachmachen.

GEWÜRZNELKEN Sie schmecken scharf-blumig und haben eine wärmende Wirkung. Sie regen das Lymphsystem an und fördern außerdem die Verdauung. Nelken sind ein uraltes Hausmittel, übrigens nicht nur im Ayurveda, gegen Zahnschmerzen. Dazu kaut man einige Nelken. Das wirkt schmerzstillend und antiseptisch. Nelken sind außerdem wichtiger Bestandteil der Gewürzmischung Garam Masala.

INGWER Er ist eine Art eierlegende Wollmilchsau! Im Ayurveda gilt er als „universelle Medizin". Seine ätherischen Öle und Scharfstoffe wirken verdauungsfördernd, entzündungshemmend, schleimlösend. Vor dem Essen genossen, entfacht er das Verdauungsfeuer. Am besten schmeckt Ingwer frisch gerieben, mit einer Prise Rohrzucker in etwas Ghee angebraten. Kleiner Tipp: Legen Sie auf die Reibe ein Stück Backpapier, bevor Sie den Ingwer reiben. Denn gerade wenn er viele Fasern hat, bekommt man sie nie wieder aus der Reibe!

KARDAMOM Fördert die Verdauung. Ähnlich wie Ingwer vermindert er eine zu hohe Säureproduktion des Magens und fördert gleichzeitig die Bildung von Gallensaft. Die süßlich-aromatischen Samen eignen sich hervorragend zum Würzen von Süßspeisen und Gemüse. Außerdem gleicht er die übermäßig aufputschende Wirkung von Koffein aus. Ein Grund, weshalb Inder ihrem Kaffee oder Tee gern einige Kapseln Kardamom zusetzen. Nach geschmacks- und geruchsintensiven Speisen sorgt Kardamom zudem für einen frischen Atem.

KORIANDER Entweder man mag ihn oder nicht. Das frische Kraut schmeckt leicht seifig. Ich schätze Koriander wegen seines würzigen Aromas und seines frischen Geschmacks in scharfen Gerichten. Am besten, man gibt ihn erst kurz vor Ende der Garzeit dazu – das Grün ist sehr hitzeempfindlich. Koriandersamen hingegen mögen es heiß! Man sollte sie vor der Weiterverwendung in einer Pfanne ohne Fett anrösten und dann in einem Mörser zerstoßen. Dabei entfalten sie ihr herb-süßliches Aroma am besten. Koriandersamen enthalten wertvolle ätherische Öle, die die Verdauung positiv beeinflussen.

KREUZKÜMMEL Würzt mit intensivem, würzig-süßlichem Aroma. Es gibt fast kein Curry- oder Reisgericht ohne ihn. Außerdem ist er in den meisten Curry-Gewürzmischungen enthalten. Pur kann man ihn im Ganzen, grob gemörsert oder fein gemahlen verwenden. Er wirkt verdauungsfördernd und passt daher gut in Gerichte mit Kohl und Hülsenfrüchten.

KURKUMA Auch Gelbwurz genannt, ist eng mit Ingwer verwandt. Allerdings ist er weniger scharf und färbt Speisen zudem intensiv orange-gelb. Er wirkt anregend, besonders auf Galle, Leber und Magen. Zudem soll Kurkuma antiseptisch und antibakteriell wirken. Ein altes, ayurvedisches Mittel gegen äußere Verletzungen ist eine Mischung aus Honig mit Kurkuma. Übrigens färbten indische Frauen lange Zeit ihre Saris mit Kurkuma.

MINZE Minze wirkt auf den Organismus kühlend. Ihre ätherischen Öle erfrischen Körper, Geist und Sinne, selbst wenn Sie einen heißen Tee aus Minze trinken. Im Ayurveda wird das leckere Kraut gegen leichte Erkältungen eingesetzt. Ich verwende sie frisch gehackt in Chutneys oder als Pesto.

MUSKATNUSS Ist ein starkes Gewürz mit warmem, würzigem, leicht brennendem Aroma. Botanisch gesehen ist sie keine Nuss, sondern eine fleischige Kapsel. Der geschälte Samen ist unsere Muskatnuss. Sie enthält viel ätherisches Öl und wirkt appetitanregend und verdauungsfördernd. Ich mag Muskatnuss besonders an Kartoffelgerichten, aber auch in Süßspeisen und Vanillepudding. Frisch gerieben schmeckt Muskatnuss aromatischer als fertiges Pulver.

RAS EL HANOUT ist eine Gewürzmischung, die ursprünglich aus dem Orient stammt. Sie vereint süße, scharfe und bittere Aromen und kann aus bis zu 25 Gewürzen bestehen. Unter anderem können darin sein: Pimentkörner, Pfeffer, Ingwer, Kurkuma, Muskatnuss, Chili, Zimt, Kreuzkümmel, Gewürznelken.

ROSENWASSER Wenn Rosenöl aus frischen Rosenblüten hergestellt wird, entsteht ganz nebenbei das Echte Rosenwasser. In Indien werden verschiedene Lassis damit aromatisiert. Man verwendet es auch zum Verfeinern von Süßspeisen und Reisgerichten.

SAFRAN Im Ayurveda ist Safran eines der großen Heilmittel für die Frau. Er gilt als blutreinigend, entzündungshemmend und aphrodisierend. Echter Safran verleiht Speisen eine kräftig gelbe Farbe. Meist wird er zum Aromatisieren und Färben von Süßspeisen und Reis verwendet. Aber auch Gemüse, Suppen oder Saucen gibt er ein spezielles Aroma. Safran gilt als teuerstes Gewürz der Welt. Ein Kilo kann bis zu 8.000 Euro kosten. Kleiner Tipp: Lösen Sie Safran in etwas lauwarmem Wasser oder in Milch auf, bevor Sie ihn zum Kochen verwenden. Eingeweicht färbt er am besten!

ZIMT Die getrocknete Zweigrinde des Zimtbaums hat ein mild-würziges Aroma und sollte nicht nur in der Weihnachtszeit eingesetzt werden. Ich schätze Zimt morgens auf meinem warmen Frühstückbrei, aber auch zusammen mit Roter Bete oder Kirschen schmeckt er extrem lecker. Seine ätherischen Öle wirken verdauungsfördernd und appetitanregend. Auch bei Erkältungen, Zahnschmerzen oder Muskelverspannungen wirkt er manchmal Wunder.

VOLKERS GARAM MASALA

{Habe ich immer auf Vorrat ...}

30 MIN. = FÜR EIN MITTELGROSSES SCHRAUBGLAS

3 EL Koriandersamen
3 EL Keuzkümmelsamen
2 EL Fenchelsamen
½ TL Kardamomsamen
1 EL schwarze Pfefferkörner
3 Zimtstangen
3 Nelken

ALLE GEWÜRZE in eine schwere Pfanne ohne Fett geben. Bei mittlerer Hitze rösten, bis die Gewürze dunkler werden und kräftig-aromatisch duften. Sie dürfen nicht schwarz werden, sonst werden sie bitter! Die Pfanne vom Herd nehmen, die Gewürze etwas abkühlen lassen und in einer Mühle oder in einem Mörser fein mahlen. In ein Schraubglas geben, gut verschließen und kühl und dunkel aufbewahren.

ZEHN MAL **AYURVEDA** FÜR JEDEN TAG

1 *Fünf Minuten täglich nach dem Aufstehen tief ein- und ausatmen. Am besten bei geöffnetem Fenster. Das verbessert die geistige Leistungsfähigkeit.*

2 FÜHREN SIE DAS RITUAL „HÄNDEWASCHEN“ VOR UND NACH DEM ESSEN EIN. DAS IST BEI SANDIGEN KINDERN, DIE GERADE VOM SPIELPLATZ KOMMEN ODER DIE GEMÜSEPLÄTZCHEN MIT DEN FINGERN GEMAMPFT HABEN, SOWIESO EINE SUPER IDEE. DIESES RITUAL MACHT DIE BEDEUTUNG DES ESSENS ALS WICHTIGEN PUNKT IM TAGESABLAUF BEWUSST – FÜR GROSS UND KLEIN.

3 Essen Sie in ruhiger Atmosphäre ohne störende Ablenkung durch einen laufenden Fernseher, ein dudelndes Radio oder das ständige „Bing“ eingehender Nachrichten auf dem Smartphone ... Ein angenehmes Tischgespräch mit lieben Menschen ist hingegen sehr förderlich! Es erhöht den Genuss des Essens und natürlich seine Bekömmlichkeit.

04

Benutzen Sie einen Zungenschaber und spülen Sie den Mund täglich mit 2 EL Ghee. Das sensibilisiert die Geschmacksnerven.

05

LEGEN SIE EINMAL IM MONAT EINEN FASTENTAG EIN UND TRINKEN SIE NUR HEISSES WASSER ODER KRÄUTERTEE. DAS ENTLASTET DEN KÖRPER VON GIFTSTOFFEN.

06 TRINKEN SIE MORGENS NACH DEM AUFSTEHEN EIN GLAS WARMES WASSER. DAS REGT DEN DARM AN, SICH ZU ENTLEEREN. AUS AYURVEDISCHER SICHT EINES DER WICHTIGSTEN DINGE ÜBERHAUPT.

07

Um den Appetit anzuregen: Kauen Sie etwas frischen Ingwer zusammen mit gerösteten Fenchelsamen und einem Krümel Salz.

8 WENN SIE PROBLEME HABEN, ABENDS ABZUSCHALTEN UND EINZUSCHLAFEN, KÖNNEN SIE EIN GLAS WARME MILCH MIT ETWAS GERIEBENEM INGWER UND EINEM TL ROHRZUCKER TRINKEN. WICHTIG IST, DIE MILCH KURZ AUFZUKOCHEN. DAS MACHT SIE BEKÖMMLICHER. AUCH DIE KINDER WERDEN DAS LIEBEN!

9 *Ständig zu viel zu essen ist genauso ungesund, wie andauernd Diät zu machen. Pro Mahlzeit sollten Sie nur so viel essen, wie in zwei Hände passt. Aus ayurvedischer Sicht besteht eine optimale Zusammensetzung der Mahlzeit aus ⅓ Flüssigkeit, ⅓ fester Nahrung und ⅓ Luft.*

10 **Vor und direkt nach dem Essen empfiehlt es sich, nichts zu trinken, vor allem keine kalten Getränke. Das stört den Verdauungsvorgang.**

SATT UND **GLÜCKLICH** IN DEN TAG

{Mit einem Familien-Frühstück glücklich in den Tag starten! Egal ob Milchreis, Graupen oder Bulgur – Hauptsache, alle bekommen Liebe in den Bauch.}

MILCHREIS

{We call it a Klassiker!}

35 MIN. = FÜR 4 PERSONEN

500 ml Milch
125 g Milchreis
Salz
30 g Butter
Zucker
Zimt

DIE MILCH mit dem Reis und einer Prise Salz in einem großen Topf unter ständigem Rühren aufkochen lassen. Bei mittlerer Hitze den Milchreis ca. 30 Min. garen, bis er weich ist.

DIE BUTTER in einer kleinen Pfanne zerlassen und etwas braun werden lassen.

DEN MILCHREIS mit Zucker, Zimt und der braunen Butter servieren.

TIPP

Falls der Milchreis zu fest sein sollte, können Sie etwas Milch oder Apfelsaft zugeben. Sollte er zu flüssig sein, hilft etwas Speisestärke.

Milchreis macht uns sooo glücklich

Der Dauerbrenner bei kleinen Alltagskrisen in Kita und Schule: ein Schlag Milchreis und alles, was doof war, löst sich in wärmenden Wohlgefallen auf.

BLITZSCHNELLER MILCHREIS

{Lust auf Reis, Baby?}

15 MIN. = FÜR 4 PERSONEN

- 500 ml Milch
- 200 g Reisflocken
- Salz
- 30 g Butter
- Zucker
- Zimt

DIE MILCH in einem großen Topf aufkochen. Reisflocken und eine Prise Salz unterrühren. Circa 5 Min. bei mittlerer Hitze und unter ständigem Rühren köcheln lassen. Topf vom Herd nehmen und den Milchreis 5 Min. quellen lassen.

DIE BUTTER in einer kleinen Pfanne zerlassen und etwas braun werden lassen.

DEN MILCHREIS mit Zucker, Zimt und der braunen Butter servieren.

HERZHAFTER GRIESSBREI

{Spicy statt ömmelig}

30 MIN. = FÜR 4 PERSONEN

- 50 g Grieß
- 3 EL Mandeln (ungeschält)
- 3 EL Cashewkerne
- 1 kleines Stück Ingwer
- 2 EL Ghee
- 150 g rote Linsen
- ½ TL Currypulver
- ½ TL Kurkuma
- 1 TL Kreuzkümmel
- 700 ml Gemüsebrühe
- 8 Curryblätter
- ½ TL Salz
- 1 EL Rohrzucker

DEN GRIESS in einer Pfanne ohne Fett bei mittlerer Hitze goldgelb anrösten.

DIE MANDELN und Cashewkerne hacken. Ingwer schälen und fein hacken.

DAS GHEE in einem Topf erhitzen. Ingwer, Linsen, Currypulver, Kurkuma und Kreuzkümmel zugeben und kurz anrösten. Brühe zugießen, Curryblätter zufügen und alles kurz aufkochen. Hitze reduzieren und alles mit geschlossenem Deckel 20 Min. köcheln lassen.

DEN GRIESS einrieseln lassen und unterrühren. Gehackte Mandeln und Cashewkerne zugeben und mit Salz und Zucker würzen.

TIPP

Curryblätter bekommen Sie im Internet: www.cosmoveda.de

PERLGRAUPEN MIT APFEL UND CASHEWKERNEN

{Omas olle Graupen ganz modern}

20 MIN. = FÜR 4 PERSONEN

2 EL Ghee
150 g Perlgraupen (fein)
200 ml Milch
200 ml Wasser
50 g feiner Rohrzucker
Salz
1 TL Zimt
½ TL Kurkuma
1 Apfel
100 g Cashewkerne

1 EL GHEE in einem großen Topf erhitzen. Perlgraupen darin goldbraun anrösten.

DIE MILCH und das Wasser zu den Perlgraupen geben und alles aufkochen. Rohrzucker, Salz, Zimt und Kurkuma zugeben. Perlgrauben bei mittlerer Hitze 10 Min. köcheln lassen, dabei ab und zu umrühren.

DEN APFEL vierteln, entkernen, in Spalten schneiden. 1 EL Ghee in einer Pfanne erhitzen. Die Apfelspalten darin kurz andünsten. Cashewkerne in einer Pfanne ohne Fett kurz anrösten.

DIE GRAUPEN in Frühstücksschalen geben. Mit den Apfelspalten und Cashewkernen bestreut servieren.

Das perfekte Brainfood!

Steht mal wieder eine Klassenarbeit in Mathe auf dem Stundenplan? Ein Schälchen Graupen und der Test ergibt 'ne glatte Eins!

BULGUR MIT BIRNEN UND MANDELN

{Crunchy und fruchtig}

20 MIN. = FÜR 4 PERSONEN

3 EL Ghee
120 g Bulgur
200 ml Milch
200 ml Wasser
2 EL Rohrzucker
½ TL Salz
1 TL Zimt
1 TL Kurkuma
100 g Mandeln (geschält)
2 Birnen

2 EL GHEE in einer Pfanne erhitzen. Den Bulgur darin goldbraun anrösten.

DIE MILCH und das Wasser in einen Topf geben und kurz aufkochen. Mit Zucker, Salz, Zimt und Kurkuma abschmecken. Bulgur zugeben und alles 15 Min. bei ausgeschaltetem Herd ziehen lassen.

DIE MANDELN in einer Pfanne ohne Fett bei mittlerer Hitze anrösten.

DIE BIRNE vierteln, entkernen und in Spalten schneiden. 1 EL Ghee in einer Pfanne erhitzen und die Birnenspalten kurz darin andünsten.

DEN BULGUR in Frühstücksschalen verteilen. Birnenspalten und Mandeln darübergeben.

Helsinki
St. Petersburg
Moskau
Wolgograd
Svalbard (Norwegen)
Spitzbergen
Bären-Insel
Ankara
TÜRKEI

SÜSSKARTOFFELSTAMPF MIT APFEL-CHUTNEY

{Energiegeladen in den Tag}

35 MIN. = FÜR 4 PERSONEN

Für den Süßkartoffelstampf

1 kg Süßkartoffeln
1 rote Zwiebel
2 Zweige glatte Petersilie
3 EL Olivenöl
2 TL Paprikapulver
1 Prise Cayennepfeffer
200 ml Gemüsebrühe
1 TL Salz
½ TL Pfeffer
2 EL Sojasahne

Für das Chutney

1 kg Äpfel
2 Zitronen
20 g Ingwer
1 EL Ghee
3 EL Rohrzucker
½ TL Salz

SÜSSKARTOFFELN schälen und in Stücke schneiden. Zwiebel schälen und fein würfeln. Petersilie fein hacken.

DAS OLIVENÖL in einem großen Topf erhitzen und die Zwiebel darin glasig dünsten. Süßkartoffeln, Paprikapulver, Cayennepfeffer und Petersilie zugeben. Unter Rühren alles 5 Min. garen. Gemüsebrühe zugießen. Das Gemüse zugedeckt 25 Min. bei mittlerer Hitze köcheln lassen.

DEN TOPF vom Herd nehmen. Alles mit einem Kartoffelstampfer stampfen. Mit Salz und Pfeffer abschmecken und Sojasahne unterrühren.

DIE ÄPFEL vierteln, entkernen und in Würfel schneiden. Zitronen auspressen. Ingwer schälen und fein hacken.

DAS SONNENBLUMENÖL in einer Pfanne erhitzen. Ingwer und 1 TL Rohrzucker zugeben und 2 Min. bei mittlerer Hitze karamellisieren lassen. Apfelwürfel, Zitronensaft und restlichen Zucker zugeben. Alles gut mischen und das Chutney 15 Min. einkochen lassen. Heiß zum Kartoffelstampf servieren.

SCHOKO-MOHN-BRÖTCHEN

{Spart den Gang zum Bäcker}

20 MIN. + 25 MIN. GEHZEIT + 15 MIN. BACKZEIT = FÜR 16 BRÖTCHEN

100 g Sonnenblumenkerne
50 g Zartbitterschokolade
250 ml lauwarmes Wasser
1 Würfel Hefe
1 EL Ahornsirup
50 ml Olivenöl
500 g Dinkelmehl
1 Ei
Salz
100 g Mohn

DEN BACKOFEN auf 200 Grad vorheizen.

SONNENBLUMENKERNE in einer Pfanne ohne Fett bei mittlerer Hitze anrösten. Zartbitterschokolade grob hacken.

DAS WASSER in eine Schüssel geben. Hefe hineinbröckeln und verrühren. Ahornsirup und Olivenöl zugeben und mit einem Schneebesen schaumig aufschlagen. Dinkelmehl darübersieben. Das Ei, eine Prise Salz, Sonnenblumenkerne und die Schokolade zugeben und alles zu einem geschmeidigen Teig kneten.

DEN TEIG auf einer mit Mehl bestäubten Arbeitsfläche zu 16 Brötchen formen. Die Brötchen mit Wasser bepinseln und mit Mohn bestreuen. Auf ein mit Backpapier ausgelegtes Backblech setzen.

DIE BRÖTCHEN 25 Min. gehen lassen. Anschließend ca. 15 Min. goldgelb backen.

Früh übt sich, wer mal Weltmeister werden will …

Perfekt für kleine Turnflöhe und Nachwuchsdribbler: Wenn der nächste Auftritt ansteht, ist ein bisschen Nervennahrung in der Sporttasche manchmal Gold wert.

Mehl

PFANNKUCHEN

{Die De-Luxe-Version!}

30 MIN. = FÜR 8 STÜCK

2 Eier
1 EL Puderzucker
3 EL lauwarmes Wasser
Salz
100 g Mehl
1 EL Speisestärke
1 Msp. Safranpulver
350 ml Milch
5 EL Ghee

DIE EIER trennen. Eigelb in eine Schüssel geben. Puderzucker und Wasser zugeben und alles mit einem Schneebesen schaumig aufschlagen. Eiweiß in ein hohes Gefäß geben, eine Prise Salz zufügen, mit dem Handrührgerät steif schlagen und unter die Eigelbmasse heben. Mehl, Speisestärke und Safran dazusieben, Sojamilch zufügen und alles zu einem sämigen Teig verrühren. Teig 5 Min. ruhen lassen.

DAS GHEE in einer Pfanne erhitzen. Pro Pfannkuchen eine kleine Kelle Teig in die Pfanne geben und von jeder Seite 3–4 Min. goldbraun ausbacken.

TIPP

Wenn es schnell gehen soll, können Sie sich die Sache mit dem Eischnee sparen. Geben Sie alle Zutaten in ein hohes Gefäß und verrühren Sie sie zu einem sämigen Pfannkuchenteig.

KARTOFFELPUFFER

{Kartoffelich, knusprig, gut!}

40 MIN. = FÜR 4 PERSONEN

700 g fest kochende Kartoffeln
2 Eier
⅓ TL Muskatnuss (gemahlen)
2 TL Garam Masala
1 TL Salz
8 EL Sonnenblumenöl

DIE KARTOFFELN schälen und in eine Schüssel reiben, die mit einem Küchentuch ausgelegt ist. Die vier Ecken aufnehmen, das Tuch fest zusammendrehen und den Kartoffelsaft auspressen. Die trockene Kartoffelmasse zurück in die Schüssel geben. Eier, Muskat und Garam Masala zufügen. Alles gut mischen und mit Salz abschmecken.

DAS ÖL in einer großen Pfanne erhitzen. Die Puffermasse mit einem Esslöffel portionsweise hineingeben und jeweils 3–4 Min. von jeder Seite goldbraun ausbacken.

KARTOFFEL-KAROTTEN-PUFFER

{Kinder lieben sie!}

40 MIN. = FÜR 4 PERSONEN

500 g fest kochende Kartoffeln
300 g Karotten
1 Zweig Salbei
2 Eier
1 EL süßes Currypulver
1 TL scharfes Currypulver
1 TL Salz
3 EL Walnüsse (gehackt)
8 EL Sonnenblumenöl

DIE KARTOFFELN schälen und in eine Schüssel reiben, die mit einem Küchentuch ausgelegt ist. Die vier Ecken aufnehmen, das Tuch fest zusammendrehen und den Kartoffelsaft auspressen. Die trockene Kartoffelmasse zurück in die Schüssel geben.

DIE KAROTTEN schälen und zu den Kartoffeln reiben. Salbei fein hacken und ebenfalls zu den Kartoffelraspeln geben. Eier, Currypulver und Walnüsse zufügen. Alles gut mischen und mit Salz abschmecken.

SONNENBLUMENÖL in einer großen Pfanne erhitzen. Die Puffermasse mit einem Esslöffel portionsweise hineingeben und jeweils 3–4 Min. von jeder Seite goldbraun ausbacken.

BIRNEN-ZUCCHINI-PUFFER MIT APRIKOSEN-CHUTNEY

{Lust auf Sonntagsbrunch?}

35 MIN. = FÜR 20 STÜCK

3 Birnen
1 Zucchino
4 Eier
2 Vanilleschoten
4 EL Rohrzucker
Salz
250 ml Milch
250 g Dinkelmehl
1 TL Zimt
50 g Speisestärke
60 g Mandeln (gemahlen)
5 EL Ghee

Für das Chutney

500 g getrocknete Aprikosen
1 kleines Stück Ingwer
1 EL Ghee
100 ml Apfelsaft
2 EL Agavendicksaft
200 g Kokosjoghurt
½ TL Salz

DIE BIRNEN schälen, vierteln, Kerngehäuse entfernen und raspeln. Zucchino ebenfalls raspeln.

DIE EIER trennen. Eigelb in eine große Schüssel, Eiweiß in ein hohes Gefäß geben. Vanilleschoten fein hacken. Zucker und eine Prise Salz zum Eiweiß hinzufügen und mit einem Handmixer zu festem Eischnee aufschlagen. Milch und Vanille zum Eigelb geben und verrühren.

DINKELMEHL, Zimt und Speisestärke in die Eigelb-Milch sieben. Gemahlene Mandeln zugeben und alles zu einem glatten Teig verrühren. Birnen- und Zucchiniraspel hinzufügen und den Eischnee vorsichtig unterheben.

Ghee in einer großen Pfanne erhitzen. Die Puffermasse mit einem Esslöffel portionsweise hineingeben und jeweils 3–4 Min. von jeder Seite goldbraun ausbacken.

DIE APRIKOSEN grob hacken. Ingwer schälen und fein hacken.

DAS GHEE in einer Pfanne erhitzen. Ingwer bei mittlerer Hitze darin andünsten. Aprikosen, Apfelsaft und Agavendicksaft zugeben. Die Hitze etwas erhöhen und das Chutney ca. 20 Min. einkochen lassen. Dabei immer wieder umrühren.

ZUM SCHLUSS den Kokosjoghurt untermischen und alles mit etwas Salz abschmecken.

Milchreis-Puffer
Kartoffel-Puffer

Pastinaken-Zucchini-Puffer

PASTINAKEN-ZUCCHINI-PUFFER

{Puffer ohne Kartoffeln? Na klar!}

30 MIN. = FÜR 4 PERSONEN

- 400 g fest kochende Kartoffeln
- 200 g Zucchini
- 200 g Pastinaken
- 50 g Pinienkerne
- 1 Zweig Rosmarin
- 1 Zweig Oregano
- 2 Zweige Thymian
- 2 Eier
- 1 TL Salz
- ½ TL rosa Pfeffer (gemahlen)
- 8 EL Sonnenblumenöl

DIE KARTOFFELN schälen und reiben, die Zucchini reiben. Alles in ein Küchentuch geben, die vier Ecken aufnehmen, das Tuch fest zusammendrehen und den Gemüsesaft auspressen. Die Masse in eine Schüssel geben. Pastinaken schälen und dazureiben.

DIE PINIENKERNE in einer Pfanne ohne Fett bei mittlerer Hitze anrösten. Etwas abkühlen lassen und grob hacken.

DEN ROSMARIN fein hacken. Thymian- und Oreganoblättchen vom Stiel zupfen. Kräuter zusammen mit den Eiern und den Pinienkernen zur Kartoffel-Zucchini-Masse geben. Mit Salz und Pfeffer würzen und alles gut mischen.

DAS ÖL in einer großen Pfanne erhitzen. Die Puffermasse mit einem Esslöffel portionsweise hineingeben und jeweils 3–4 Min. von jeder Seite goldbraun ausbacken.

MILCHREIS-PUFFER MIT KIRSCHSAUCE

{Milchreis to go}

30 MIN. = FÜR 4 PERSONEN

- Milchreis vom Vortag
- 4 EL Cornflakes
- 2 Äpfel
- Salz
- 8 EL Sonnenblumenöl
- 1 Glas Kirschkompott (720 ml)
- 1 TL Speisestärke

DIE ÄPFEL mit Schale raspeln. Die Kerngehäuse aussortieren.

GERASPELTE ÄPFEL, Cornflakes und eine Prise Salz zum Milchreis geben und kräftig mischen.

SONNENBLUMENÖL in einer großen Pfanne erhitzen. Mit angefeuchteten Händen kleine Puffer formen. Die Puffer im heißen Öl jeweils 3–4 Min. von jeder Seite goldgelb ausbacken.

DIE KIRSCHEN samt Flüssigkeit in einen Topf geben und kurz aufkochen. Stärke in 3 EL Wasser anrühren und mit einem Schneebesen in das Kirschkompott rühren. Kurz aufkochen, bis die Sauce sämig wird. Etwas abkühlen lassen und zu den Milchreispuffern servieren.

KIRCHERERBSENTALER MIT JOGHURT UND PISTAZIEN

{Der Orient lässt grüßen}

30 MIN. = FÜR CA. 20 TALER

Für die Taler

200 g Kichererbsenmehl
1 TL Backpulver
½ TL Koriandersamen (gemahlen)
½ TL Kardamomsamen (gemahlen)
1 TL Zimt
½ TL Salz
4 EL Rohrzucker
150 ml Milch
100 g Datteln
8 EL Olivenöl

Für das Topping

50 g Pistazien (geschält, ungesalzen)
4 EL Naturjoghurt
1 EL Honig

KICHERERBSENMEHL in eine Schüssel sieben. Backpulver, Koriander, Kardamom, Zimt, Salz und Rohrzucker zufügen. Milch dazugeben und alles zu einem glatten Teig verrühren. Datteln fein hacken und unter den Teig rühren.

DAS ÖL in einer großen Pfanne erhitzen. Den Teig mit einem EL portionsweise hineingeben und jeweils 3–4 Min. von jeder Seite goldbraun ausbacken.

DIE PISTAZIEN in einer Pfanne ohne Fett bei mittlerer Hitze anrösten. Etwas abkühlen lassen und grob hacken.

DEN JOGHURT in eine Schüssel geben, Honig zufügen und gut verrühren.

DIE KICHERERBSENTALER mit Joghurt und gehackten Pistazien servieren.

GEMÜSEPANCAKES MIT BIRNEN-CHUTNEY

{Genialer Pausensnack!}

40 MIN. = FÜR 20 PANCAKES

Für die Pancakes

200 g Gemüse der Saison
200 g Kichererbsenmehl
1 TL Backpulver
½ TL Koriandersamen (gemahlen)
1 TL edelsüßes Paprikapulver
½ TL Zimt
2 TL Currypulver
¼ TL Cayennepfeffer
150 ml Wasser
1 TL Salz
1 TL Rohrzucker
5 EL Ghee

Für das Chutney

1 kg Birnen
2 Zitronen
20 g Ingwer
2 rote Chilischoten
1 EL Ghee
3 EL Rohrzucker
½ TL Salz

DAS GEMÜSE schälen, raspeln und in ein hohes Gefäß geben. Mit einem Stabmixer fein pürieren.

KICHERERBSENMEHL, Backpulver, Koriander, Paprikapulver, Zimt, Currypulver und Cayennepfeffer in eine Schüssel sieben. Gemüsemus und Wasser zugeben und alles zu einem glatten Teig verrühren. Mit Salz und Rohrzucker abschmecken.

5 EL GHEE in einer Pfanne erhitzen. Pro Pancake eine Kelle Teig in die Pfanne geben und von jeder Seite 3–4 Min. goldbraun ausbacken.

DIE BIRNEN vierteln, entkernen und in Würfel schneiden. Zitronen auspressen. Ingwer schälen und fein hacken. Chilischoten entkernen und fein hacken.

1 EL GHEE in einer Pfanne erhitzen. Ingwer, Chili und 1 TL Rohrzucker zugeben und 2 Min. bei mittlerer Hitze karamellisieren lassen. Birnen, Zitronensaft und restlichen Zucker zugeben. Alles gut mischen und das Chutney 10 Min. einkochen lassen. Heiß zu den Pancakes servieren.

TIPP

Für Kinder ist das Chutney zu scharf. Entweder Sie verzichten deshalb bei der Zubereitung auf Ingwer und Chili oder Sie reichen ein Apfel-Zimt-Kompott (Seite 59).

APFEL-ZIMT-KOMPOTT

{Fruchtige Krönung für Breie und Puffer}

20 MIN. = FÜR EINEN GROSSEN POTT

- 1 kg Äpfel
- 2 EL Ghee
- 1 EL Rohrzucker
- 1 Zitrone
- Salz
- ½ TL Zimt

DIE ÄPFEL mit Schale fein reiben. Die Kerngehäuse aussortieren. Zitrone auspressen.

GHEE in einem Topf erhitzen. Geriebene Äpfel, Rohrzucker, Zitronensaft und ein Prise Salz dazugeben. 5 Min. auf schwacher Hitze köcheln lassen. Kurz vor Schluss den Zimt unterrühren.

APRIKOSEN-INGWER-KOMPOTT

{Sonne im Glas }

30 MIN. = FÜR 1 GROSSES SCHRAUBGLAS

- 500 g reife Aprikosen
- 1 kleines Stück Ingwer
- 1 EL Ghee
- 2 TL Rohrzucker
- 1 Prise Salz
- Saft einer Orange

DIE APRIKOSEN waschen, entsteinen und in grobe Würfel schneiden. Ingwer schälen und fein hacken.

DAS GHEE in einer Pfanne erhitzen, Ingwer darin glasig dünsten.

ROHRZUCKER, Salz, Orangensaft zugeben, kurz aufkochen und danach 10 Min. auf kleiner Hitze köcheln lassen.

DAS KOMPOTT in ein Schraubglas füllen, Deckel fest verschließen, auf den Kopf stellen und auskühlen lassen.

TIPP

Sie können das Kompott vorbereiten und im Kühlschrank aufbewahren. Bei Bedarf können Sie es dann portionsweise aufwärmen.

MAGISCHE **SUPPEN**

{Ein Süppchen aus Süßkartoffeln, Zucchini oder Brokkoli ist schnell gezaubert. Und garantiert alle – Mama, Papa, Kinder – sind nach dem ersten Löffel glücklich!}

GRUNDREZEPT GEMÜSEBRÜHE

{Gemüsebrühwürfel ade!}

3 STD. = FÜR 5 LITER

1 Knollensellerie
3 Karotten
1 Stange Lauch
2 rote Zwiebeln
100 ml Olivenöl
2 Bund glatte Petersilie
2 Bund Liebstöckel
8 Lorbeerblätter
6 Wacholderbeeren
12 schwarze Pfefferkörner
2 EL Currypulver
5 EL Salz
7 l Wasser

DEN SELLERIE und die Karotten waschen und in grobe Stücke schneiden. Lauch in breite Ringe schneiden. Zwiebeln schälen und halbieren.

DAS OLIVENÖL in einem großen Topf erhitzen. Das Gemüse darin 5 Min. kräftig anbraten. Petersilie, Liebstöckel, Lorbeerblätter, Wacholderbeeren, Pfefferkörner, Currypulver und Salz dazugeben. Mit Wasser angießen und alles kurz aufkochen lassen. Hitze reduzieren und die Brühe 2–3 Std. köcheln lassen, bis sich die Menge auf ca. 5 Liter reduziert hat.

DIE BRÜHE durch ein Sieb in große Schraubgläser füllen. Deckel fest verschließen und Brühe abkühlen lassen. Im Kühlschrank hält sich der Gemüsesud etwa eine Woche.

SCHNELLE KARTOFFELSUPPE

{Ein Topf, eine Suppe, sechs Geschmäcker}

30 MIN. = FÜR 4 PERSONEN

1 Zwiebel = scharf
750 g Kartoffeln = süß, zusammenziehend
1 Msp. Safran = sauer, zusammenziehend
1 EL Ghee = süß
1 EL Kurkuma = bitter, scharf
1 l Gemüsebrühe = süß, zusammenziehend, scharf
200 ml Sojasahne = süß
1 TL Salz = salzig
⅓ TL Pfeffer = scharf
1 Bund Dill = süß, scharf

DIE ZWIEBEL schälen und fein würfeln. Kartoffeln schälen, waschen und in kleine Stücke schneiden. Safran in 3 EL lauwarmem Wasser anrühren.

DAS GHEE in einem Topf erhitzen. Kurkuma zugeben und Zwiebel darin glasig dünsten. Kartoffeln zugeben und kurz andünsten. Gemüsebrühe zugießen, alles kurz aufkochen und die Suppe zugedeckt bei mittlerer Hitze ca. 20 Min. köcheln lassen. Topf vom Herd nehmen.

SOJASAHNE, Safran, Salz und Pfeffer zugeben und die Suppe mit einem Stabmixer cremig pürieren.

DEN DILL hacken und die Suppe damit bestreut servieren.

Vertreibt Gewitterwolken vom Familientisch …
Jedes Kind frisst mal was aus und Streit gibt's auch in Bilderbuchfamilien: entspannen, alle am Familientisch versammeln und den Ärger einfach weglöffeln!

Soupe

KAROTTEN-ZUCCHINI-SUPPE

{Knallig-bunt und fix gemacht}

35 MIN. = FÜR 4 PERSONEN

500 g Karotten
2 Kartoffeln
1 kleiner Zucchino
1 rote Zwiebel
1,2 Liter Gemüsebrühe
2 TL Currypulver
½ TL gemahlener Koriander
¼ TL geriebene Muskatnuss
Saft von einer Orange
10 Blättchen frisches Basilikum
1 EL Agavendicksaft
4 EL Sesamöl
Salz und Pfeffer zum Abschmecken

DIE KAROTTEN und Kartoffeln schälen und in Scheiben schneiden. Zwiebel abziehen und Würfel schneiden.

DAS ÖL in einem Topf erhitzen. Karotten, Kartoffeln und Zwiebeln darin unter Zugabe von Curry und Koriander glasig andünsten. Gemüsebrühe zugeben und abgedeckt 20 Min. köcheln lassen.

DEN BASILIKUM zugeben und die Suppe cremig pürieren. Mit Orangensaft, Muskatnuss, Agavendicksaft, Salz und Pfeffer abschmecken

DIE SUPPE in Schalen verteilen und den Zucchino in die Suppe reiben.

TIPP

Wer will, kann die Suppe mit Backerbsen (mein Favorit aus Kindertagen), Nudeln oder Reis aufpeppen.

GEMÜSESUPPE MIT BUCHSTABENNUDELN

{Meine „Brain-Soup"}

40 MIN. = FÜR 4 PERSONEN

2 Karotten
2 Pastinaken
1 Süßkartoffel
1 kleiner Knollensellerie
1 Stange Lauch
6 EL Olivenöl
2 TL Rohrzucker
1,2 Liter Gemüsebrühe
2 Lorbeerblätter
4 Pimentkörner
4 Wacholderbeeren
100 g Buchstabennudeln
1 TL Salz
½ TL Pfeffer
4 Zweige glatte Petersilie

DIE KAROTTEN, Pastinaken, Süßkartoffel und den Sellerie schälen und in Würfel schneiden. Lauch in Ringe schneiden.

DAS OLIVENÖL in einem großen Topf erhitzen. Das Gemüse darin 5 Min. kräftig anbraten. Rohrzucker zugeben und alles etwas karamellisieren lassen. Anschließend mit der Gemüsebrühe aufgießen.

LORBEERBLÄTTER, Pimentkörner und Wacholderbeeren in einen Teefilter geben. Den Filterbeutel gut verschließen und in die Suppe geben.

DIE SUPPE kurz aufkochen, Hitze reduzieren und 20 Min. köcheln lassen. Buchstabennudeln zufügen und die Suppe weitere 5 Min. ziehen lassen. Mit Salz und Pfeffer abschmecken.

Ein Kirschtraum aus 1001 Nacht

Schmeckt am besten pädagogisch unwertvoll vor dem Fernseher: alle Mann aufs Sofa und löffelnd einen tollen Film genießen!

LINSENSUPPE MIT KIRSCHEN UND APFELREIS

{Orient trifft Kirschen aus Omas Garten}

45 MIN. = FÜR 4 PERSONEN

1 kleine Knollensellerie
1 rote Zwiebel
4 EL Olivenöl
100 g rote Linsen
1 EL süßes Currypulver
1 TL rosenscharfes Paprikapulver
1 TL Kreuzkümmelsamen
1 l Gemüsebrühe
100 g getrocknete Kirschen
100 g Langkornreis
1,5 l Wasser
500 ml Apfelsaft
5 Lorbeerblätter
1 Gewürznelke
½ TL Salz
2 EL Olivenöl
5 Zweige glatte Petersilie
2 Zweige Zitronenmelisse

DEN SELLERIE schälen und in feine Würfel schneiden. Zwiebel schälen und in Würfel schneiden.

4 EL OLIVENÖL in einem Topf erhitzen. Rote Linsen hineingeben und kurz anschwitzen. Curry-, Paprikapulver und Kreuzkümmel zufügen und kurz mitbraten. Zwiebel und Sellerie dazugeben und 5 Min. dünsten. Kirschen zufügen.

DAS GEMÜSE mit Gemüsebrühe angießen und zugedeckt 15 Min. köcheln lassen.

DEN REIS in einem Sieb mehrmals gut waschen, bis das Wasser klar ist, und in einen Topf geben. Wasser, Apfelsaft, Lorbeerblätter und Gewürznelke zufügen. Alles kurz aufkochen und 8 Min. bei mittlerer Hitze köcheln lassen.

DANACH das Kochwasser durch ein Sieb abgießen. Den Reis zurück in den Topf geben. Mit Salz und 2 EL Olivenöl mischen und 10 Min. ruhen lassen.

DEN REIS in die Suppe geben und unterrühren. Petersilie und Zitronenmelisse grob hacken.

DIE LINSENSUPPE in Schalen füllen und mit den Kräutern bestreut servieren.

BROKKOLICREMESUPPE MIT CROUTONS

{Zu viel Brot gekauft? Machen Sie Croutons!}

30 MIN. = FÜR 4 PERSONEN

2 Köpfe Brokkoli (1 kg)
1 Bund Frühlingszwiebeln
1 Apfel
50 g Mandeln (gehobelt)
2 EL Ghee
1 l Gemüsebrühe
200 ml Sojasahne
1 TL Salz
½ TL Pfeffer
1 Prise Muskatnuss (gemahlen)
2 Scheiben trockenes Brot
100 ml Olivenöl

DEN BROKKOLI in Röschen teilen, den Strunk schälen und klein schneiden. Die Frühlingszwiebeln waschen, putzen und in Ringe schneiden. Den Apfel vierteln, Kerngehäuse entfernen, in Würfel schneiden. Mandelblättchen in einer Pfanne ohne Fett bei mittlerer Hitze anrösten.

DAS GHEE in einem großen Topf erhitzen. Brokkoli, Frühlingszwiebeln und Apfelstücke darin kräftig anbraten. Brühe zugießen und bei geschlossenem Deckel 20 Min. köcheln lassen.

DEN TOPF vom Herd nehmen. Mandeln und Sojasahne zugeben. Suppe mit einem Stabmixer pürieren. Mit Salz, Pfeffer und Muskat abschmecken.

DAS BROT in Würfel schneiden. Olivenöl in einer Pfanne erhitzen und die Croutons darin ausbacken. Vor dem Servieren über die Brokkoli-Suppe geben.

ASIATISCHE KÜRBISSUPPE

{Von Onkel Wong aus Taipeh}

40 MIN. = FÜR 4 PERSONEN

1 Butternut-Kürbis (ca. 800 g)
½ Ananas
1 rote Zwiebel
1 kleines Stück Ingwer
1 Vanilleschote
6 EL Sesamöl
1 EL Currypulver
1 EL Agavendicksaft
800 ml Gemüsebrühe
400 ml Kokosmilch
2 EL Sesam
½ TL Amchur
2 TL Salz
½ TL Pfeffer
2 EL Kürbiskernöl

DEN KÜRBIS schälen und längs halbieren. Kerne mit einem Löffel entfernen, das Fruchtfleisch grob würfeln. Ananas schälen und ebenfalls grob würfeln. Zwiebel abziehen und fein würfeln. Ingwer schälen und fein schneiden. Vanilleschote hacken.

DAS SESAMÖL in einem großen Topf erhitzen. Currypulver und Ingwer hineingeben und verrühren. Zwiebel zufügen und glasig dünsten. Agavendicksaft zugeben. Kürbis- und zwei Drittel der Ananasstücke hinzufügen und alles kräftig mischen. Das Gemüse mit Gemüsebrühe und Kokosmilch angießen. Vanille zugeben. Alles kurz aufkochen und bei mittlerer Hitze 20 Min. köcheln lassen.

DEN SESAM in einer Pfanne ohne Fett bei mittlerer Hitze rösten.

DIE SUPPE mit einem Stabmixer fein pürieren. Mit Amchur, Salz und Pfeffer abschmecken, den Sesam unterrühren.

DIE RESTLICHEN Ananasstücke auf vier Schalen verteilen. Kürbissuppe dazugeben und mit etwas Kürbiskernöl beträufelt servieren.

SÜSSKARTOFFELSUPPE MIT KÜRBISKERNEN

{Suppe für die Seele!}

30 MIN. = FÜR 4 PERSONEN

3 Süßkartoffeln (ca. 800 g)
1 rote Zwiebel
1 Zweig Thymian
5 EL Olivenöl
1 TL Kurkuma
2 TL Kreuzkümmel
1 l Gemüsebrühe
3 Lorbeerblätter
200 ml Sojasahne
¼ TL Muskatnuss (gemahlen)
1 EL Agavendicksaft
1 TL Tamarindenpaste
2 TL Salz
½ TL Pfeffer
50 g Kürbiskerne

SÜSSKARTOFFELN schälen und in Würfel schneiden. Zwiebel abziehen und in feine Würfel schneiden. Thymian fein hacken.

DAS OLIVENÖL in einem großen Topf erhitzen. Zwiebeln darin glasig dünsten. Kartoffeln, Kurkuma und Kreuzkümmel zufügen und kurz mitdünsten. Gemüsebrühe zugießen, Lorbeerblätter hinzufügen und alles zugedeckt 20 Min. köcheln lassen.

LORBEERBLÄTTER entfernen. Sojasahne, Tamarindenpaste und Agavendicksaft zugeben. Die Suppe mit einem Stabmixer cremig pürieren. Mit Thymian, Salz und Pfeffer abschmecken.

KÜRBISKERNE in einer Pfanne ohne Fett bei mittlerer Hitze anrösten.

DIE SUPPE mit den Kürbiskernen bestreut servieren.

Für kleine Frostbeulen

Ein Teller heiße Süßkartoffelsuppe wirkt sofort gegen kalte Hände und Füße, wenn Ihre kleinen Helden beim Draußen-Rumstromern die Zeit vergessen haben.

STECKRÜBEN-KOKOS-SUPPE

{Alte Rübe trifft weit gereiste Kokosnuss}

40 MIN. = FÜR 4 PERSONEN

1 kleine Steckrübe (ca. 600 g)
1 rote Zwiebel
6 EL Sesamöl
1 TL Kurkuma
1 EL Currypulver
2 TL Kreuzkümmelsamen (gemahlen)
800 ml Gemüsebrühe
400 ml Kokosmilch
6 Curryblätter
1 TL Amchur
1 EL Agavendicksaft
¼ TL Muskatnuss (gemahlen)
2 TL Salz
½ TL Pfeffer
1 Bund Koriander

DIE STECKRÜBE schälen und in Würfel schneiden. Zwiebel abziehen und ebenfalls in Würfel schneiden.

DAS SESAMÖL in einem großen Topf erhitzen. Zwiebel glasig dünsten. Kurkuma, Currypulver und Kreuzkümmel zufügen und kurz mitdünsten. Steckrübenwürfel zugeben und kurz anbraten. Mit Gemüsebrühe und Kokosmilch angießen. Curryblätter zugeben. Kurz aufkochen und zugedeckt 20 Min. köcheln lassen.

DIE CURRYBLÄTTER herausnehmen. Amchur, Agavendicksaft und Muskatnuss zugeben. Die Suppe mit einem Stabmixer fein pürieren und mit Salz und Pfeffer abschmecken.

DEN KORIANDER hacken und vor dem Servieren über die Steckrübensuppe geben.

SÜSSKARTOFFEL-MANGO-SUPPE MIT POPCORN

{Sie werden die Heldin des Kindergeburtstags!}

40 MIN. = FÜR 4 PERSONEN

3 Süßkartoffeln (ca. 800 g)
1 Bund Frühlingszwiebeln
1 kleines Stück Ingwer
2 EL Sesamöl
2 TL süßes Currypulver
1 TL scharfes Currypulver
800 ml Gemüsebrühe
200 ml Kokosmilch
200 ml Mangosaft
1 TL Salz
½ TL Pfeffer
2 EL Sonnenblumenöl
20 g Popcorn-Mais
20 g Kokos-Chips

SÜSSKARTOFFELN schälen und in Würfel schneiden. Frühlingszwiebel grob schneiden. Ingwer schälen und fein schneiden.

DAS SESAMÖL in einem großen Topf erhitzen. Süßkartoffeln, Frühlingszwiebeln und Ingwer kurz darin anbraten. Currypulver zugeben und unterrühren. Gemüsebrühe, Kokosmilch und Mangosaft zugießen. Suppe kurz aufkochen und zugedeckt ca. 15 Min. köcheln lassen.

DIE SUPPE mit einem Stabmixer grob pürieren. Mit Salz und Pfeffer abschmecken.

FÜR DAS TOPPING das Sonnenblumenöl in einem Topf erhitzen. Popcorn-Mais hineingeben und bei geschlossenem Deckel aufspringen lassen.

DIE SUPPE in vier Schalen anrichten und mit Kokos-Chips und Popcorn dekorieren.

WARME HAUPTMAHLZEITEN
FÜR ALLE ZUSAMMEN

{Die Zeit des besten Verdauungsfeuers nutzen! Dhal mit Kräuterreis, Süßkartoffelstampf oder gebackener Brokkoli geben Kraft für die zweite Hälfte des Tages.}

BOHNEN-LAUCH-GEMÜSE MIT BRATKARTOFFELN

{Gibt Kraft für neue Abenteuer}

40 MIN. = FÜR 4 PERSONEN

2 Stangen Lauch
300 g Buschbohnen
100 g Mandeln (gehobelt)
1 TL Salz
4 EL Ghee
200 ml Sojasahne
100 ml Gemüsebrühe
500 g fest kochende Kartoffeln (vom Vortag)
2 rote Zwiebeln
4 Zweige glatte Petersilie
1 EL getrockneter Estragon
1 EL getrockneter Majoran
⅓ TL Muskatnuss (gemahlen)

DEN LAUCH in Ringe schneiden und gut waschen. Bohnen putzen. Mandeln in einer Pfanne ohne Fett bei mittlerer Hitze anrösten.

2 L LEICHT gesalzenes Wasser zum Kochen bringen und die Bohnen 6 Min. darin blanchieren. Die Bohnen durch ein Sieb abgießen und unter fließendem Wasser eiskalt abschrecken.

1 EL GHEE in einer Pfanne erhitzen, Lauch zugeben und 5 Min. dünsten. Sojasahne und Gemüsebrühe zugeben und alles sämig einkochen lassen. Zum Schluss die Mandeln und die Bohnen unterrühren.

DIE KARTOFFELN in Scheiben schneiden. Zwiebeln schälen und fein hacken. Petersilie ebenfalls fein hacken.

3 EL GHEE in einer Pfanne erhitzen und die Kartoffeln darin kross anbraten. Zwiebeln, Estragon, Majoran und Muskat zu den Kartoffeln geben und kurz mitbraten, bis die Zwiebeln glasig sind.

DIE BRATKARTOFFELN kräftig salzen, unter das Gemüse heben und mit der Petersilie bestreut servieren.

DHAL MIT KRÄUTERREIS

{Der Ayurveda-Klassiker schlechthin}

50 MIN. = FÜR 4 PERSONEN

Für den Dhal

2 Pastinaken
2 Kartoffeln
2 Stangen Sellerie
1 Bund Koriander
1 EL Ghee
1 EL Fenchelsamen
1 EL Kreuzkümmelsamen
1 EL Koriandersamen
2 TL Amchur
1 EL Garam Masala
1 Prise Asafötida
150 g Mung Dhal
1 Liter Gemüsebrühe
2 TL Salz
Pfeffer

Für den Reis

100 g Langkornreis
500 ml Apfelsaft
5 Lorbeerblätter
1 Gewürznelke
½ TL Salz
2 EL Olivenöl
5 Zweige glatte Petersilie
2 Zweige Zitronenmelisse
1 Prise roter Pfeffer

DIE PASTINAKEN und Kartoffeln schälen und in dünne Scheiben schneiden. Sellerie in schmale Stücke schneiden. Koriander hacken.

DAS GHEE in einem großem Topf erhitzen. Fenchel-, Kreuzkümmel- und Koriandersamen, Amchur, Garam Masala und Asafötida zufügen und kurz erhitzen. Mung Dhal, Pastinaken, Kartoffeln und Sellerie zugeben und ca. 4 Min. anbraten. Mit Gemüsebrühe angießen und alles bei leicht geöffnetem Deckel 20 Min. köcheln lassen. Dabei ab und zu umrühren. Topf vom Herd nehmen. Dhal mit Salz und Pfeffer abschmecken.

DEN REIS mehrmals gut waschen, bis das Wasser klar ist.

1,5 L WASSER in einem großen Topf zum Kochen bringen. Reis, Apfelsaft, Lorbeerblätter und Gewürznelke zufügen. 8 Min. kochen lassen.

DEN REIS durch ein Sieb abgießen, zurück in den Topf geben, Salz und Olivenöl mischen und 10 Min. zugedeckt ruhen lassen.

DIE PETERSILIE und die Melisse grob hacken. Zusammen mit dem roten Pfeffer unter den Reis heben.

DEN REIS zum Dhal geben und mit Koriander bestreut servieren.

BUCHWEIZEN-KÜRBIS-RISOTTO MIT WILDKRÄUTERSALAT

{Farbtupfer im tristen Herbst}

50 MIN. = FÜR 4 PERSONEN

Für das Risotto

1 kleiner Hokkaido-Kürbis (500 g)
1 rote Paprikaschote
1 Bund Frühlingszwiebeln
1 Bund glatte Petersilie
150 g Ziegenfeta
4 EL Olivenöl
1 TL edelsüßes Paprikapulver
1 Prise Cayennepfeffer
250 g Buchweizen
1 l heiße Gemüsebrühe
50 ml Olivenöl
2 TL Salz
Pfeffer
1 TL Zitronensaft

Für den Salat

50 g Kürbiskerne
1 Bund glatte Petersilie
2 getrocknete Feigen
100 ml Olivenöl
2 EL Aceto Balsamico
100 ml Apfelsaft
½ TL Salz
Pfeffer (frisch gemahlen)
100 g Wildkräuter

DEN KÜRBIS halbieren. Die Kerne mit einem Löffel entfernen. Kürbisfleisch in Würfel schneiden. Paprika entkernen und in kleine Würfel schneiden. Frühlingszwiebeln in feine Ringe schneiden. Kräuter fein hacken. Schafskäse klein schneiden.

DAS OLIVENÖL in einem Topf erhitzen. Paprikapulver und Cayennepfeffer zugeben und kurz erhitzen. Buchweizen, Kürbis, Paprika und Frühlingszwiebeln zugeben und 3 Min. anbraten. Gemüsebrühe zugießen und aufkochen lassen. Hitze reduzieren und das Risotto 30 Min. unter Rühren köcheln lassen. Zum Schluss mit Salz, Pfeffer und Zitronensaft abschmecken.

VOR DEM SERVIEREN Kräuter und Schafskäse zugeben und gut mischen.

DIE KÜRBISKERNE in einer Pfanne ohne Fett bei mittlerer Hitze rösten. Petersilie grob hacken. Feigen in feine Würfel schneiden.

DAS OLIVENÖL mit Aceto Balsamico, Apfelsaft, Salz und Pfeffer in ein hohes Gefäß geben und mit dem Stabmixer zu einem sämigen Dressing pürieren.

DIE WILDKRÄUTER auf 4 Teller verteilen. Kürbiskerne, Petersilie und das Dressing darübergeben.

TIPP

Wenn die Kids den Salat nicht mögen: Im Risotto ist so viel Gemüse, dass sie locker darauf verzichten können. Dafür können die Erwachsenen ohne Skrupel eine Portion mehr von den Wildkräutern essen.

Wie kommen die wilden Kräuter ins Essen?

Wie wär's mit einer kleinen Wildkräuterwanderung und anschließender Kochsession? Ihre Kinder werden stolz wie Oskar sein auf ihr „selbst gesammeltes" Essen!

SÜSSKARTOFFELSTAMPF MIT FELDSALAT

{Ein echtes Edelpüree!}

30 MIN. = FÜR 4 PERSONEN

Für den Salat

2 Radieschen
50 g Kürbiskerne
2 EL Pinienkerne
1 EL Fenchelsamen
100 g Feldsalat

Für das Dressing

2 EL Olivenöl
2 EL Kürbiskernöl
80 ml Orangensaft
1 EL Zitronensaft
1 EL Agavendicksaft
Salz
Pfeffer

Für den Kartoffelstampf

500 g Süßkartoffeln
1 Schalotte
4 EL Olivenöl
½ TL Koriandersamen (gemahlen)
½ TL Kreuzkümmelsamen (gemahlen)
150 ml Gemüsebrühe
1 TL Salz
½ TL Harissa

DIE RADIESCHEN putzen und in kleine Würfel schneiden. Kürbis- und Pinienkerne in einer Pfanne ohne Fett bei mittlerer Hitze anrösten. Fenchelsamen ebenfalls in einer Pfanne ohne Fett bei mittlerer Hitze anrösten. Feldsalat putzen. Alles in einer großen Schüssel miteinander mischen.

OLIVEN- UND KÜRBISKERNÖL, Orangen-, Zitronen- und Agavendicksaft, Salz und Pfeffer in ein hohes Gefäß geben und mit dem Schneebesen zu einem sämigen Dressing rühren.

DIE SÜSSKARTOFFELN schälen und in Stücke schneiden. Schalotte schälen und fein würfeln. Petersilie fein hacken.

DAS OLIVENÖL in einem großen Topf erhitzen und die Schalotte darin glasig dünsten. Süßkartoffeln, Koriander und Kreuzkümmel zugeben. Unter Rühren alles 5 Min. garen. Gemüsebrühe zugießen. Das Gemüse zugedeckt 25 Min. bei mittlerer Hitze köcheln lassen.

DEN TOPF vom Herd nehmen. Alles mit einem Kartoffelstampfer stampfen. Mit Salz und Harissa abschmecken.

SÜSSKARTOFFELSTAMPF auf vier Teller verteilen. Den Salat dazu anrichten und mit dem Dressing beträufeln.

TIPP

Geben Sie die Hälfte des Pürees in eine andere Schüssel, bevor Sie mit Harissa würzen. Die scharfe Paste verdirbt Kindern die Freude am Süßkartoffelstampf.

GEBACKENER BROKKOLI MIT SELLERIECREME

{So mögen auch Kinder Sellerie}

40 MIN. = FÜR 4 PERSONEN

800 g Brokkoli

Für die Creme

1 rote Zwiebel
1 kleine Knollensellerie (300 g)
1 Limette
3 Zweige glatte Petersilie
5 EL Olivenöl
1 EL edelsüßes Paprikapulver
300 ml Gemüsebrühe
2 EL Tomatenmark
50 ml Milch
½ TL Salz
¼ TL Cayennepfeffer

Für den Teig

150 g Kichererbsenmehl
1 Msp. Natron
250 ml Wasser
1 TL Salz
2 EL Sesam
5 EL Ghee

DEN BROKKOLI in Röschen teilen, dabei den Strunk entfernen. In reichlich Salzwasser 8 Min. bissfest garen. Durch ein Sieb abgießen, unter fließend kaltem Wasser abschrecken und auf Küchenpapier gut abtropfen lassen.

DIE ZWIEBEL schälen und in Würfel schneiden. Sellerie schälen und in kleine Würfel schneiden. Limettenschale fein abreiben und den Saft auspressen. Petersilie hacken.

DAS OLIVENÖL in einem Topf erhitzen. Zwiebel darin glasig dünsten. Sellerie zufügen und 5 Min. anbraten. Paprikapulver zugeben. Gemüsebrühe zugießen und das Gemüse zugedeckt bei niedriger Hitze 15–20 Min. ziehen lassen. Tomatenmark, Limettensaft und -schale, Milch, Salz und Cayennepfeffer zufügen. Alles mit einem Stabmixer zu einer cremigen Masse pürieren. Petersilie zugeben und unterrühren.

KICHERERBSENMEHL und Natron in ein hohes Gefäß geben. Wasser, Salz, Sesam zugeben. Mit einem Stabmixer zu einem sämigen Teig pürieren.

DAS GHEE in einem Topf erhitzen. Die Brokkoliröschen durch den Teig ziehen und darin goldbraun ausbacken. Noch heiß mit der Selleriecreme servieren.

TIPP

Statt Brokkoli können Sie die gleiche Menge Blumenkohl nehmen.

GLASNUDELSALAT AUF OMELETTE

{Knackig-bunt!}

FÜR 4 PERSONEN = 30 MIN. + 30 MIN. ZIEHZEIT

Für das Dressing

2 Limetten
1 TL Koriandersamen
1 TL Kreuzkümmelsamen
1 EL Honig
100 ml dunkles Sesamöl
3 EL Sojasauce
2 TL Salz

Für den Salat

100 g Glasnudeln
3 EL Mineralwasser
1 Bund Frühlingszwiebeln
1 Mango
1 rote Paprikaschote
100 g Zuckerschoten
1 Stange Zitronengras
2 rote Chilischoten
1 kleines Stück Ingwer
50 g Cashewkerne
4 EL Olivenöl
2 Zweige Koriander
2 EL schwarzer Sesam
2 EL weißer Sesam

Für die Omelettes

4 Eier
3 EL Mineralwasser
Salz
2 EL Sesamöl

DIE LIMETTEN auspressen. Koriander- und Kreuzkümmelsamen in einer Pfanne ohne Fett kurz anrösten. Etwas abkühlen lassen und in einem Mörser grob zerstoßen.

DEN HONIG mit Sesamöl, Sojasauce, Salz, Koriander und Kreuzkümmel in ein hohes Gefäß geben und mit einem Stabmixer sämig pürieren.

DIE GLASNUDELN in eine Schüssel geben und mit heißem Wasser übergießen. 10 Min. quellen lassen. Durch ein Sieb gießen und abtropfen lassen.

DIE FRÜHLINGSZWIEBELN in Ringe schneiden. Mango schälen. Das Fruchtfleisch vom Kern schneiden und in Streifen schneiden. Paprika mit einem Sparschäler schälen, halbieren, entkernen und in Streifen schneiden. Zuckerschoten diagonal halbieren. Zitronengras fein hacken. Chilischoten ebenfalls fein hacken. Ingwer schälen und fein schneiden. Cashewkerne in einer Pfanne ohne Fett bei mittlerer Hitze anrösten.

DAS OLIVENÖL in einer Pfanne erhitzen. Frühlingszwiebeln, Chili, Ingwer, Paprika, Zuckerschoten zugeben und 3–4 Min. anbraten.

DIE MANGOSTÜCKE, das Zitronengras und das angebratene Gemüse in eine große Schüssel geben. Mit dem Dressing übergießen, kräftig mischen und mindestens 30 Min. ziehen lassen.

DEN KORIANDER hacken. Sesam und Koriander vor dem Servieren über den Salat streuen.

DIE EIER in einem Becher mit dem Mineralwasser verquirlen. Eine Prise Salz zufügen.

DAS SESAMÖL in einer Pfanne erhitzen. Nacheinander 4 Omelettes darin von beiden Seiten goldgelb backen. Auf 4 Tellern zusammen mit dem Glasnudelsalat anrichten.

KÄSETALER MIT ROTE-BETE-CHUTNEY

{Griffiges Fingerfood!}

40 MIN. + 15 MIN. KÜHLZEIT = FÜR 12 TALER

Für die Taler

100 g Ziegenkäse
100 g Vollkorntoast
1 Bund Frühlingszwiebeln
4 Zweige glatte Petersilie
150 g Quark
2 Eier
Salz
Pfeffer
1 EL edelsüßes Paprikapulver
5 EL Ghee

Für das Chutney

500 g Rote Bete
1 Birne
20 g Ingwer
1 Zitrone
2 Zweige Minze
2 EL Olivenöl
2 EL Rohrzucker
½ TL Salz

DEN ZIEGENKÄSE in feine Würfel schneiden. Toastbrot in kleine Würfel schneiden. Frühlingszwiebeln in feine Ringe schneiden. Petersilie hacken.

DEN QUARK und die Eier in eine Schüssel geben. Käse- und Toastbrotwürfel, Frühlingszwiebeln und Petersilie, Salz, Pfeffer und Paprikapulver zugeben und alles zu einem griffigen Teig kneten. 15 Min. im Kühlschrank ruhen lassen.

DAS GHEE in einer Pfanne erhitzen. Mit befeuchteten Händen 12 gleichmäßige Taler formen und von beiden Seiten goldgelb ausbacken.

DIE ROTE BETE schälen und in kleine Würfel schneiden. Birne vierteln, Kerngehäuse entfernen, ebenfalls in kleine Würfel schneiden. Ingwer schälen und fein hacken. Zitrone auspressen. Minze fein hacken.

DAS OLIVENÖL in einer Pfanne erhitzen. Ingwer und Rohrzucker 3 Min. karamellisieren lassen. Rote Bete, Birne, Zitronensaft und Salz zugeben. Das Chutney 20 Min. zugedeckt köcheln lassen. Danach vom Herd nehmen und die Minze unterrühren.

Rote-Bete-Chutney
Birnen-Chutney

Aprikosen-Chutney
1f50
Apfel-Chutney

KARTOFFELKUCHEN MIT KRÄUTERDIP

{Für die hungrige Meute}

40 MIN. + 45 MIN. BACKZEIT = FÜR 16 STÜCK

Für den Kuchen

100 g Walnusskerne
50 g Butter
4 Eier
1 TL Salz
2 EL Ahornsirup
300 g mehlig kochende Kartoffeln (vom Vortag)
100 g Parmesan (gerieben)
1 EL getrockneter Thymian
1 EL getrockneter Estragon
1 EL getrockneter Majoran
2 EL Tomatenmark
Pfeffer
30 g Semmelbrösel

Für den Dip

1 Bund gemischte Kräuter
150 g Ziegenfrischkäse
2 EL Naturjoghurt
1 TL Ras el Hanout
Salz
Pfeffer

DEN BACKOFEN auf 180 Grad vorheizen.

DIE WALNUSSKERNE hacken. Butter in einem kleinen Topf schmelzen.

DIE EIER trennen. Dabei Eigelb in eine Schüssel geben, Ahornsirup zufügen und mit einem Schneebesen cremig aufschlagen. Eiweiß in ein hohes Gefäß geben, mit einer Prise Salz steif schlagen und vorsichtig unter das Eigelb heben.

DIE KARTOFFELN schälen, grob reiben und in eine große Schüssel geben. Eiermasse, zerlassene Butter, Parmesan, Thymian, Estragon, Majoran und Tomatenmark hinzufügen. Gut mischen und mit Salz und Pfeffer abschmecken. Walnusskerne unterrühren.

EINE RUNDE BACKFORM (Durchmesser ca. 28 cm) mit etwas Butter einfetten und mit den Semmelbröseln bestreuen.

DIE KARTOFFELMASSE in die Backform geben und den Kuchen 45 Min. backen.

DIE KRÄUTER fein hacken. Ziegenfrischkäse und Joghurt in einer Schüssel mischen. Kräuter, Ras el Hanout, Salz und Pfeffer zufügen und alles zu einer cremigen Masse verrühren.

GEBACKENE ZUCCHINI MIT TAMARINDENMARINADE

{Blumig und zitronig}

50 MIN. = FÜR 4 PERSONEN

½ Bund glatte Petersilie
½ Bund Koriander
1 Zweig Rosmarin
50 g Pinienkerne
1 Schalotte
1 Knoblauchzehe
2 mittelgroße Zucchini (ca. 500 g)
1 TL Ghee
½ TL Rohrzucker
1 EL Tamarindenpaste
1 TL edelsüßes Paprikapulver
⅓ TL Zimt
1 TL Kreuzkümmelsamen (gemahlen)
⅓ TL Cayennepfeffer
8 EL Olivenöl
100 g Halloumi

DEN BACKOFEN auf 160 Grad vorheizen.

DIE PETERSILIE, den Koriander und Rosmarin grob hacken. Pinienkerne in einer Pfanne ohne Fett bei mittlerer Hitze anrösten. Schalotte und Knoblauch abziehen und fein würfeln. Zucchini in Scheiben schneiden.

DAS GHEE in einer kleinen Pfanne erhitzen. Schalotte und Knoblauch darin glasig dünsten. Rohrzucker zugeben und alles etwas karamellisieren lassen.

DIE TAMARINDENPASTE in 2 EL Wasser auflösen und in eine kleine Schüssel geben. Gedünstete Schalotte, Paprikapulver, Zimt, Kreuzkümmel, Cayennepfeffer, Tamarindenpaste und das Olivenöl zufügen und gut mischen.

DIE ZUCCHINISCHEIBEN in eine Auflaufform geben und mit der Marinade übergießen. Halloumi zerbröckeln und darüberstreuen. Zucchini im Backofen 15 Min. garen.

DIE FERTIGEN ZUCCHINI mit Petersilie, Koriander, Rosmarin und den Pinienkernen bestreut servieren.

SCHNEIDEBOHNEN MIT TOMATEN-SUGO

{Jedes Böhnchen ein Tönchen ...}

45 MIN. = FÜR 4 PERSONEN

500 g breite Schneidebohnen
400 g Strauchtomaten
1 rote Zwiebel
8 EL Olivenöl
2 EL Tomatenmark
2 TL Rohrzucker
150 ml Gemüsebrühe
1 TL Salz
½ TL Pfeffer
1 EL Zitronensaft
1 Bund glatte Petersilie
3 Zweige Basilikum
1 Zweig Salbei
1 Chilischote

DIE BOHNEN in Stücke schneiden und in reichlich kochendem Salzwasser 6 Min. garen. Bohnen durch ein Sieb abgießen und unter fließendem Wasser eiskalt abschrecken.

DIE TOMATEN über Kreuz einschneiden. In einer großen Schüssel mit kochendem Wasser übergießen, kurz stehen lassen und die Haut abziehen. Tomaten halbieren, die Kerne mit einem Löffel entfernen und das Tomatenfleisch in Würfel schneiden.

DIE ZWIEBEL abziehen und in Würfel schneiden.

4 EL OLIVENÖL in einem Topf erhitzen. Zwiebel darin glasig dünsten. Tomatenwürfel, Tomatenmark und Rohrzucker zugeben. Mit Gemüsebrühe angießen und kurz aufkochen lassen. Mit Salz, Pfeffer und Zitronensaft abschmecken.

DIE PETERSILIE, das Basilikum und den Salbei fein hacken und unter die Tomatensauce mischen. Die Chilischote fein hacken.

4 EL OLIVENÖL in einer Pfanne erhitzen, die Bohnen zugeben und 3–4 Min. anbraten. Chili zugeben, kurz mitbraten.

DAS BOHNENGEMÜSE auf 4 Tellern anrichten und mit der Tomatensauce servieren.

TIPP

Wenn Kinder mitessen, sollten Sie die Chili im Bohnengemüse weglassen. Zarte Kindermünder hassen es, wenn es auf der Zunge brennt.

WIRSING-ROTKOHL-GEMÜSE MIT ZIMT

{Zimt trifft Kohl}

40 MIN. = FÜR 4 PERSONEN

1 kleiner Kopf Wirsing (300 g)
1 kleiner Kopf Rotkohl (300 g)
2 rote Zwiebeln
1 grüne Chilischote
2 EL Ghee
1 EL Rohrzucker
1 EL Zimt
2 TL Kreuzkümmelsamen
3 EL Sojasauce
200 ml Gemüsebrühe
200 ml Orangensaft
1 TL Salz

DEN WIRSING und Rotkohl vierteln, den Strunk entfernen. Wirsing und Rotkohl in feine Streifen schneiden. Zwiebeln schälen und in Würfel schneiden. Chilischote fein hacken.

DAS GHEE in einem großen Topf erhitzen. Zwiebeln darin glasig dünsten. Chilischote, Rohrzucker, Zimt und Kreuzkümmel zugeben und kurz mitdünsten. Wirsing und Rotkohl zugeben und alles kräftig mischen.

DIE SOJASAUCE, Gemüsebrühe und den Orangensaft zufügen und das Gemüse zugedeckt bei mittlerer Hitze ca. 30 Min. köcheln lassen.

VERSÖHNUNG.
GEMEINSAM KOCHEN UND ESSEN

JEDER KENNT DEN SPRUCH „BLUT IST DICKER ALS WASSER“. BEZIEHT SICH AUF DEN ZUSAMMENHALT INNERHALB EINER FAMILIE. FAMILIE GILT VIELEN MENSCHEN ALS WICHTIGER UND VERLÄSSLICHER ALS BEKANNT- UND FREUNDSCHAFTEN. DIE BANDE REICHEN BIS IN DIE EWIGKEIT, EGAL WAS PASSIERT. EINERSEITS ALSO POSITIV.

Andererseits gibt es kaum einen Lebensbereich, in dem es nicht so viele, oft unausgesprochene Konflikte und emotionale Baustellen gibt wie in einer Familie. Wenn es zu offenen Streitigkeiten kommt, ist man schnell versucht zu sagen: „War ja klar, er oder sie hat mich ja noch nie verstanden!“ Das macht es mir zwar im Moment vermeintlich einfach, mit der Situation umzugehen, wird aber immer ein wunder Punkt bleiben. Aber zum Glück erklären die Kalenderphilosophen die Lage mit „Freunde kann man sich aussuchen, die Verwandtschaft dagegen nicht.“

AUS EIGENER ERFAHRUNG KANN ICH SAGEN, DASS ES NIE NUR AN DEN ANDEREN LIEGT. EIGENTLICH REAGIEREN SIE NUR AUF DEINE BEFINDLICHKEITEN. DADURCH, DASS MAN MIT DER FAMILIE SO TIEF VERBANDELT IST, SPIEGELN DIE VERWANDTEN NATÜRLICH BESONDERS STARK DIE EIGENEN KOMPLEXE, ÄNGSTE UND UNSICHERHEITEN. JE INTENSIVER DIE EMOTIONALE BINDUNG IST, DESTO HEFTIGER FALLEN OFT DIE FLUCHTREFLEXE UND EIGENE BÖSARTIGKEIT AUS. WAS MAN FREUNDEN LOCKER VERZEIHT, FÜHRT INNERHALB DER FAMILIE ZU JAHRELANGER FUNKSTILLE! EIGENTLICH SCHADE! VOR ALLEM, WIE KOMMT MAN AUS SO EINER FUNKSTILLE WIEDER RAUS?

An dieser Stelle zum Thema Versöhnungsessen ein kleiner Ausflug in der Geschichte unserer Nachbarn in der Schweiz. Die beendeten im Jahr 1529 den Ersten Kappelerkrieg mit einer Suppe aus Milch und Brot. Folgendes hat sich zugetragen: Im Juni 1529 marschierten protestantische Zürcher Truppen gegen fünf katholische Innerschweizer Kantone. Zu Kampfhandlungen kam es nie, weil die neutralen Orte unter dem Glarner Landammann Hans Aebli einen blutigen Bruderkrieg verhinderten. Danach durfte jede Gemeinde selbst entscheiden, ob sie den protestantischen oder katholischen Glauben annehmen wollte.

Während die Anführer verhandelten, nutzte das Fußvolk der beiden Heere die Zeit zur Verbrüderung. Sie stellten auf der Grenze der Kantone einen großen Kochtopf auf ein Feuer. Die Zuger sollen die Milch und die Zürcher das Brot für eine Milchsuppe beigesteuert haben. Diese wurde dann von beiden Heeren in Frieden gemeinsam verspeist.

In der Nähe der Ortschaft Ebertswil steht heute der sogenannte Milchsuppenstein, der an dieses Ereignis erinnert. Für die Geschichtsschreibung und Identitätsfindung der Schweiz hatte der große Topf, aus dem alle gemeinsam gegessen haben, übrigens großen symbolischen Wert. Noch heute wird nach erfolgreich beigelegten Konflikten eine Kappeler Milchsuppe serviert und gemeinsam gegessen. (Quelle: Wikipedia)

JA, JA, WER HAT'S ERFUNDEN ... DIE SCHWEIZER MAL WIEDER, DIE ALTEN VERMITTLER. WENN MILCH UND BROT EINEN GANZEN KRIEG VERHINDERN KÖNNEN, DANN SOLLTE EIN LECKERES ESSEN DOCH AUCH FRIEDEN INNERHALB EINER FAMILIE BEWIRKEN KÖNNEN ODER WENIGSTENS EINEN WAFFENSTILLSTAND.

Ideal ist ein gemeinsames Essen. Vielleicht schafft man es ja sogar, gemeinsam zu kochen. Da muss man keine heiklen Themen behandeln, sondern kann sich erst mal über die Zubereitung der Speisen verständigen. Beim Essen ist das Schweigen dann schon gebrochen und man kann sich in entspannter Atmosphäre einander wieder annähern.

SÜSSES SEELENFUTTER

{Hmmm, wie toll, wenn es nach frisch gebackenem Kuchen duftet! Apfel-Mandel-Tarte, Brownies oder Cupcakes sind schnell gemacht und ganz offiziell freigegeben zum Naschen.}

SCHNELLER OBSTKUCHEN

{Wenn wir Kirschen sammeln waren ...}

20 MIN. + 30 MIN. BACKZEIT = FÜR 4 PERSONEN

1 kg Früchte der Saison (Birnen, Pflaumen, Aprikosen)
100 g Mandeln
250 g Butter
250 g Puderzucker
1 Pckg. Vanillezucker
1 TL abgeriebene Zitronenschale
Salz
4 Eier
250 g Mehl
1 TL Backpulver
Backpapier
etwas Puderzucker zum Bestreuen

DEN BACKOFEN auf 180 Grad vorheizen.

DIE FRÜCHTE halbieren, eventuell die Kerne entfernen. Mandeln grob hacken.

DIE BUTTER in eine große Schüssel geben. Mit Puderzucker, abgeriebener Zitronenschale, Vanillezucker und einer Prise Salz schaumig rühren. Nach und nach die Eier zugeben.

DAS MEHL in eine Schüssel sieben. Gehackte Mandeln und Backpulver zugeben. Alles mischen. Diese Mehlmischung vorsichtig in die Butter-Eier-Masse einrühren.

EINE RUNDE BACKFORM (Durchmesser ca. 28 cm) mit Backpapier auslegen. Den Teig hineingeben und mit den Früchten belegen.

DEN KUCHEN im Backofen auf mittlerer Schiene ca. 30 Min. goldgelb backen. Danach herausnehmen, abkühlen lassen und mit Puderzucker bestreuen.

KAROTTEN-ZUCCHINI-KUCHEN

{In Kuchenform zieht auch Gemüse}

30 MIN. + 45 MIN. BACKZEIT = FÜR 1 BLECH

4 Karotten
1 Zucchino
100 g Mehl
1 TL Backpulver
200 g Mandeln (gemahlen)
50 g Walnüsse (gemahlen)
50 g Haselnusskerne (gemahlen)
4 Eier
Salz
40 g Puderzucker
120 g Rohrzucker
2 EL Olivenöl
1 Prise Muskatnuss (gemahlen)
1 Prise Zimt
1 EL abgeriebene Zitronenschale
Puderzucker zum Bestäuben

DEN BACKOFEN auf 170 Grad vorheizen.

DIE KAROTTEN schälen und fein raspeln. Zucchino ebenfalls fein raspeln.

DAS MEHL und Backpulver in eine große Schüssel sieben. Gemahlene Mandeln, Walnüsse und Haselnüsse dazugeben und untermischen.

DIE EIER trennen. Eiweiß und eine Prise Salz in ein hohes Gefäß geben und mit dem Handrührgerät steif schlagen. Dabei nach und nach den Puderzucker einrieseln lassen. Eigelb mit Rohrzucker, Olivenöl, Muskat, Zimt und abgeriebener Zitronenschale in eine Schüssel geben und schaumig rühren.

DAS STEIF GESCHLAGENE Eiweiß zum Eigelb geben und vorsichtig unterrühren. Die Mehl-Nuss-Mischung und das geraspelte Gemüse unterheben. Alles zu einem sämigen Teig verrühren.

EIN TIEFES BACKBLECH mit Backpapier belegen. Den Teig darauf verteilen und im Ofen ca. 45 Min. backen. Danach herausnehmen, etwas abkühlen lassen und mit Puderzucker bestreut servieren.

GROSSE APFEL-MANDEL-TARTE

{Eine Tarte im Familienformat}

30 MIN. + 20 BACKZEIT = FÜR 1 BACKBLECH

Für den Teig

250 g Sonnenblumenkerne
150 ml Ghee
150 g Mehl
400 g grobe Haferflocken
3 EL Agavendicksaft
60 g Rohrzucker
50 g Marzipanrohmasse
100 ml Milch

Für den Belag

2 Äpfel
1 TL Zitronensaft
2 Orangen
1 Vanilleschote
100 g Walnusskerne
100 g Mandeln (gehackt)
300 ml Apfelsaft
2 EL Speisestärke
1 EL Ghee
1 TL Zimt

DEN BACKOFEN auf 200 Grad vorheizen.

DIE SONNENBLUMENKERNE in einer Pfanne ohne Fett bei mittlerer Hitze rösten. Ghee in einem kleinen Topf erwärmen, bis es flüssig ist.

DAS MEHL in eine Schüssel sieben. Haferflocken und Sonnenblumenkerne daruntermischen. Ghee, Agavendicksaft, Rohrzucker und Marzipanrohmasse zufügen. Milch dazugeben und alles zu einem festen Teig verarbeiten.

DEN TEIG auf ein mit Backpapier ausgelegtes Backblech geben, dabei den Rand etwas hochdrücken. Im Backofen 15–20 Min. goldbraun backen.

DIE ÄPFEL vierteln, entkernen, in dünne Spalten schneiden und mit Zitronensaft beträufeln. Die Schale der Orangen mit einer Küchenreibe abreiben. Vanilleschote hacken. Walnusskerne ebenfalls hacken.

MANDELN, ORANGENSCHALE, Apfelsaft, Speisestärke und Vanille in einen Standmixer geben und fein pürieren.

1 EL GHEE in einer Pfanne erhitzen. Die Creme dazugeben und etwas köcheln lassen, bis sie andickt.

DIE CREME auf dem Boden verteilen. Tarte in Stücke schneiden. Mit den Apfelspalten belegen, mit den gehackten Walnüssen und Zimt bestreut servieren.

BROWNIES MIT ROSA PFEFFER UND ZIMTÄPFELN

{Brownies de luxe!}

40 MIN. + 30 MIN. BACKZEIT = FÜR 1 BLECH

Für die Brownies

1 Orange
150 g Zartbitterschokolade
150 g Vollmilchschokolade
80 g Butter
1 EL Sojasahne
3 Eier
150 g feiner Rohrzucker
Salz
150 g Mehl
80 g Mandeln (gemahlen)
1 TL Backpulver
3 EL Kakaopulver
2 TL rosa Pfeffer (gemahlen)

Für die Zimtäpfel

3 säuerliche Äpfel
2 EL Rohrzucker
150 ml roter Traubensaft
Saft von einer Orange
3 Stangen Zimt
1 TL Speisestärke

Zum Garnieren

150 ml Sahne
3 Zweige Minze

DEN BACKOFEN auf 180 Grad vorheizen.

DIE SCHALE von der Orange fein abreiben. Saft auspressen und für das Kompott beiseitestellen. Schokolade grob hacken. In eine große Metallschüssel geben, Butter zufügen und im Wasserbad schmelzen. Schüssel vom Herd nehmen, Sojasahne unterrühren.

DIE EIER, den Rohrzucker und eine Prise Salz in einer Schüssel schaumig schlagen und unter die noch flüssige, etwas abgekühlte Schokoladenmasse heben.

MEHL, MANDELN, Backpulver und Kakaopulver darübersieben. Rosa Pfeffer und Orangenschale zugeben und alles zu einem sämigen Teig verrühren.

EINE TIEFE BACKFORM mit etwas Butter einfetten. Den Brownie-Teig hineinfüllen und auf der mittleren Schiene ca. 30 Min. backen. Herausnehmen und abkühlen lassen.

DIE ÄPFEL schälen, vierteln, Kerngehäuse entfernen. Fruchtfleisch in kleine Würfel schneiden.

DEN ROHRZUCKER, Traubensaft, Orangensaft und Zimt in einen Topf geben und aufkochen. Apfelwürfel zufügen und das Kompott zugedeckt ca. 15 Min. dünsten. Danach die Zimtstangen entfernen.

DIE SPEISESTÄRKE in etwas kaltem Wasser anrühren und in das köchelnde Kompott rühren, bis es leicht andickt.

DIE SAHNE mit einem Handrührgerät halbsteif schlagen. Minzblätter von den Zweigen zupfen.

DIE BROWNIES mit den Zimtäpfeln, der Sahne und jeweils einem Minzblatt anrichten.

TIPP

Wenn Sie die Brownies für Kinder backen, können Sie den rosa Pfeffer weglassen.

SCHOKO-CUPCAKES MIT BIRNENCARPACCIO

{Für Kindergeburtstage vom Feinsten}

20 MIN. + 20 MIN. BACKZEIT = FÜR 12 CUPCAKES

Für das Carpaccio

1 Zitrone
2 Birnen
1 Zweig Rosmarin
1 EL Olivenöl
1 EL Rohrzucker
250 ml roter Traubensaft
1 EL Aceto Balsamico

Für die Cupcakes

300 g Mehl
1 Pckg. Backpulver
3 EL Kakaopulver
200 g Zucker
1 Pckg. Vanillezucker
250 ml Sonnenblumenöl
200 ml Milch
50 ml Mineralwasser
1 Bund Minze
200 g Zartbitterschokolade

Für die Streusel

1 kleines Stück Ingwer
1 EL Sonnenblumenöl
150 g Mehl
50 g Zucker
100 g Margarine
4 Tropfen Bittermandelöl
Salz

DEN ZITRONENSAFT auspressen. Birnen vierteln, Kerngehäuse entfernen. Birnen in dünne Scheiben schneiden und mit 2 EL Zitronensaft beträufeln.

DIE ROSMARINBLÄTTER vom Zweig abstreifen und fein hacken.

DAS OLIVENÖL in einer Pfanne erhitzen. Rosmarin darin 2 Min. anbraten. Zucker zugeben und 3 Min. karamellisieren lassen. Traubensaft, restlichen Zitronensaft und Aceto Balsamico zufügen und alles 10 –15 Min. auf die Hälfte einkochen lassen.

DEN BACKOFEN auf 170 Grad vorheizen.

DAS MEHL, Back- und Kakaopulver in eine große Schüssel sieben. Zucker, Vanillezucker, Sonnenblumenöl, Milch und Sprudel zufügen und alles zu einem geschmeidigen Teig verrühren.

DIE MINZE und Schokolade hacken und unter den Teig heben. Dabei etwas Minze und Schokolade zum Garnieren beiseitestellen.

DEN TEIG in Cupcake- oder Muffinformen füllen.

DEN INGWER schälen und fein hacken. Das Sonnenblumenöl in einer Pfanne erhitzen und den Ingwer 3 Min. darin dünsten. Pfanne vom Herd nehmen und Ingwer abkühlen lassen.

INZWISCHEN MEHL, Zucker und Margarine in eine Schüssel geben. Ingwer zufügen und alles zu krümeligen Streuseln kneten.

DIE STREUSEL auf ein mit Backpapier ausgelegtes Backblech streuseln und mit den Cupcakes 20 Min. backen.

DAS BIRNEN-CARPACCIO auf einem Teller anrichten, mit den Streuseln bestreuen. Gehackte Minze und Schokolade darübergeben. Die Cupcakes zum Carpaccio servieren.

MUFFINS MIT SCHOKO-ERDBEER-CREME

{Für schokoverschmierte Münder}

40 MIN. + 25 MIN. BACKZEIT = FÜR 12 MUFFINS

Für die Schoko-Erdbeer-Creme

150 g Zartbitterschokolade
1 Vanilleschote
1 EL Speisestärke
300 ml Milch
200 ml Sojasahne
2 EL Agavendicksaft
150 g Erdbeerjoghurt

Für die Muffins

50 g weiche Butter
5 EL Sonnenblumenöl
100 g feiner Rohrzucker
2 Eier
300 g Mehl
1 TL Backpulver
150 ml Milch
1 Banane
100 g Datteln
80 g Cashewkerne

DIE SCHOKOLADE in kleine Stücke schneiden. Vanilleschote fein hacken. Speisestärke in einem Becher mit 3 EL Wasser verrühren.

MILCH, SOJASAHNE, Agavendicksaft und Vanille in einen kleinen Topf geben. Kurz aufkochen lassen und die Stärke unterrühren. Topf vom Herd nehmen. Schokoladenstücke zugeben und alles mit einem Schneebesen zu einer cremigen Sauce schlagen.

DEN ERDBEERJOGHURT in eine kleine Schüssel geben und die Schokosauce löffelweise hineinrühren.

DEN BACKOFEN auf 170 Grad vorheizen.

DIE BUTTER in eine Schüssel geben. Sonnenblumenöl und Rohrzucker zufügen und alles mit einem Schneebesen cremig schlagen.

DIE EIER in einem Becher verquirlen und unter die Buttermischung rühren. Mehl und Backpulver zur Buttermischung sieben. Die Milch nach und nach dazugießen. Alles zu einem sämigen Teig verrühren.

DIE DATTELN fein hacken. Banane in Stücke schneiden und auf einem Teller mit einer Gabel zerdrücken. Bananenmus, gehackte Datteln und Cashewkerne in den Muffinteig geben und nochmals gut mischen.

DEN TEIG in Muffinförmchen füllen und 25 Min. backen. Muffins aus dem Ofen nehmen, abkühlen lassen und zusammen mit der Schoko-Erdbeer-Creme servieren.

FLORENTINER MANDELGEBÄCK

{Knusprig-süß}

15 MIN. + 20 MIN. BACKZEIT = FÜR CA. 50 STÜCK

- 1 Limette
- 2 Eiweiß
- 100 g Marzipanrohmasse
- 300 g Mandeln (gemahlen)
- 250 g Zucker
- 1 Pckg. Vanillezucker
- 1 EL Ahornsirup
- Puderzucker zum Bestäuben

DEN BACKOFEN auf 150 Grad vorheizen.

DIE LIMETTENSCHALE fein abreiben. Eiweiß in einem hohen Gefäß steif schlagen. Marzipanrohmasse in kleine Würfel schneiden.

GEMAHLENE MANDELN, Zucker, Vanillezucker und Limettenschale in eine Schüssel geben und vermischen. Eiweiß und Ahornsirup unterheben. Marzipanrohmasse dazugeben und alles mit feuchten Händen zu einem Teig verkneten.

DEN TEIG halbieren und in zwei schmale Rollen formen. Von diesen ca. 2 cm breite Stücke schneiden und kleine ovale Kekse daraus formen.

EIN BACKBLECH mit Backpapier belegen. Kekse darauflegen und 20 Min. backen, bis sie leicht goldbraun sind. Herausnehmen, abkühlen lassen und mit Puderzucker bestäuben.

MÜSLI-MAKRONEN

{Für Power in den Pausen}

30 MIN. = FÜR 1 BLECH

- 2 Vanilleschoten
- 100 g Marzipanrohmasse
- 2 EL Ghee
- 500 g Müsli
- 80 g Rohrzucker
- 50 g Speisestärke
- 1 TL Natron
- 100 ml Milch
- 1 Ei

DEN BACKOFEN auf 180 Grad vorheizen.

DIE VANILLESCHOTEN fein hacken. Marzipanrohmasse in feine Würfel schneiden.

DAS GHEE in einer Pfanne erhitzen, Müsli darin leicht anrösten. Pfanne vom Herd nehmen, Müsli auskühlen lassen.

DAS MÜSLI in eine Schüssel geben. Vanille, Marzipanrohmasse, Rohrzucker, Speisestärke und Natron zufügen und mischen. Milch und Ei hinzufügen und alles zu einem groben Teig verrühren.

KLEINE HÄUFCHEN auf ein mit Backpapier ausgelegtes Backblech setzen und 10–15 Min. backen.

ENERGIEBÄLLCHEN

{Kraftkugeln für den Schultag}

20 MIN. = FÜR 24 STÜCK

- 1 kleiner Apfel
- 400 g Studentenfutter
- 50 g Sesam
- 2 TL Kakaopulver
- 1 EL Agavendicksaft
- 1 EL Zitronensaft
- 100 g Kokosflocken

DEN APFEL vierteln, Kerngehäuse entfernen, in Würfel schneiden.

STUDENTENFUTTER und Sesam in einer Pfanne ohne Fett bei mittlerer Hitze anrösten. Vom Herd nehmen und etwas abkühlen lassen. Dann in einen Standmixer geben. Kakaopulver, Agavendicksaft, Zitronensaft und Apfelwürfel hinzufügen und alles zu einer feinkörnigen Masse pürieren.

DIE KOKOSFLOCKEN auf einen Teller geben. Mit angefeuchteten Händen kleine Kugeln aus der Masse formen und in den Kokosflocken wälzen.

ZIMTSTERNE MIT ZITRONENGLASUR

{Holen Sie die Sterne vom Himmel}

40 MIN. + 10 MIN. BACKZEIT = FÜR EINE GROSSE SCHALE STERNE

Für den Teig

- 500 g Mandeln (gemahlen)
- 300 g Puderzucker
- 2 TL Zimt
- 3 Eiweiß
- ½ Fläschchen Bittermandelöl

Für die Glasur

- 2 Zitronen
- 5 EL Puderzucker

DEN BACKOFEN auf 150 Grad vorheizen.

MANDELN, PUDERZUCKER und Zimt in eine Schüssel geben. Eiweiß und Bittermandelöl zugeben. Alles mit dem Handrührgerät verrühren. Dann mit den Händen zu einem glatten Teig kneten.

DEN TEIG dritteln und jeweils auf einer mit Puderzucker bestäubten Arbeitsfläche ca. 1 cm dick ausrollen. Mit einem Ausstecher Sterne ausstechen und auf ein mit Backpapier belegtes Backblech legen. Im Backofen auf der untersten Schiene ca. 10 Min. backen.

DIE ZITRONEN halbieren und den Saft auspressen.

DEN ZITRONENSAFT und Puderzucker mit einem Schneebesen verrühren, bis eine sämige Glasur entsteht. Die abgekühlten Zimtsterne damit bepinseln.

TIPP

Den Ausstecher zwischendurch immer mal wieder in Puderzucker tauchen, damit der Teig nicht anklebt.

ROSMARIN-PISTAZIEN-KEKSE

{Beliebt bei Krümelmonstern}

30 MIN. + 60 MIN. KÜHLZEIT + 15 MIN. BACKZEIT = FÜR CA. 80 STÜCK

1 Zweig Rosmarin
50 g Pistazien (geschält, ungesalzen)
200 g kalte Butter
250 g Mehl
60 g Puderzucker
2 Pckg. Vanillezucker
100 g Mandeln (gemahlen)
Salz
Puderzucker zum Bestäuben

DEN ROSMARIN fein hacken. Pistazien in einer Pfanne ohne Fett bei mittlerer Hitze anrösten und ebenfalls fein hacken. Butter in Würfel schneiden

DAS MEHL in eine Schüssel sieben. Butterwürfel, Puderzucker, Vanillezucker, Mandeln, Rosmarin, Pistazien und 1 Prise Salz zufügen und zügig zu einem geschmeidigen Teig kneten. Zu einer Rolle formen und in Folie gewickelt mindestens 60 Min. im Kühlschrank ruhen lassen.

DEN BACKOFEN auf 175 Grad vorheizen.

DEN TEIG auf einer leicht bemehlten Arbeitsfläche ausrollen. Kreise ausstechen und auf ein mit Backpapier belegtes Backblech legen. Kekse 10–15 Min. goldgelb backen. Aus dem Ofen nehmen, abkühlen lassen und mit Puderzucker bestäuben.

VANILLEKIPFERL

{Ayurveda unterm Christbaum}

20 MIN. + 30 MIN. KÜHLZEIT + 12 MIN. BACKZEIT = FÜR CA. 80 STÜCK

210 g Butter
70 g Zucker
250 g Mehl
100 g Mandeln (gemahlen)
Salz
50 g Puderzucker
2 Pckg. Vanillezucker

DIE BUTTER in eine Schüssel geben. Zucker zufügen und schaumig rühren. Mehl dazusieben. Mandeln und 1 Prise Salz zugeben. Alles zu einem festen Teig verkneten. Teig halbieren, zu zwei großen Rollen formen und in Küchenfolie wickeln. Teigrollen 30 Min. im Kühlschrank ruhen lassen.

DEN BACKOFEN auf 180 Grad vorheizen.

DIE BEIDEN TEIGROLLEN mit einem Messer in etwa gleich dicke Scheiben schneiden. Diese zu Röllchen mit spitz zulaufenden Enden formen.

DAS BACKBLECH mit Backpapier belegen. Röllchen in Kipferlform darauflegen. Kipferl ca. 12 Min. hellgelb backen.

DEN PUDERZUCKER mit dem Vanillezucker mischen und die noch warmen Kipferl darin wälzen.

TIPP

Für die Variante nur für Erwachsene können Sie einen Zweig Rosmarin fein hacken und in die Vanillekipferl geben.

CHRISTBÄUMCHEN MIT ROSMARIN-BEEREN-KOMPOTT

{Merry ayurvedisch Christmas!}

60 MIN. + 20 MIN. BACKZEIT = FÜR 12 STÜCK

Für die Bäumchen

3 Bögen Backpapier
1 Limette
4 Eier
Salz
4 EL warmes Wasser
80 g feiner Zucker
50 g Mehl
1 Prise Natron
2 EL Speisestärke
100 g Mandeln (gemahlen)
100 g weiße Kuvertüre
150 g Pistazien (geschält, ungesalzen)
100 g Puderzucker
1 Tube rote Zuckerschrift

Für das Kompott (nur für Erwachsene)

1 Zweig Rosmarin
2 TL rosa Pfefferbeeren
1 EL Butter
2 EL Rohrzucker
200 ml Rotwein
200 g rote Beeren

FÜR DIE BÄUMCHEN 12 Kreise (ca. 12 cm) aus dem Backpapier ausschneiden. Jedes bis zur Mitte einschneiden, zu einem Kegel drehen und das Papier jeweils mit einer Büroklammer befestigen. Jeden Kegel mit der Spitze nach unten in eine Tasse stellen.

DEN BACKOFEN auf 160 Grad vorheizen.

DIE SCHALE der Limette abreiben. Limettensaft auspressen. Eier trennen. Eiweiß und eine Prise Salz in ein hohes Gefäß geben und mit dem Handrührgerät steif schlagen. Eigelb, Wasser und Zucker in eine Schüssel geben und schaumig rühren.

DAS EIWEISS unter das Eigelb heben. Mehl, Natron, Speisestärke und Mandeln darübersieben. Limettenschale zugeben. Alles verrühren.

DEN TEIG in die Papierförmchen füllen und 15 Min. goldgelb backen. Aus dem Backofen nehmen und abkühlen lassen. Die Kuvertüre hacken und im Wasserbad schmelzen. Pistazien mahlen.

DIE KUCHENKEGEL aus ihrer Backpapierhülle nehmen. Eventuell die Standfläche glatt schneiden. Rundherum mit Kuvertüre bestreichen und mit Pistazienmehl bestreuen. Abkühlen lassen.

DEN PUDERZUCKER mit dem Limettensaft verrühren. Jeweils einen halben TL auf die „Baumwipfel" geben. Mit Dekoschrift kleine Punkte auf die Bäumchen verteilen und jedes mit etwas Puderzucker bestäuben.

DIE ROSMARINBLÄTTER abzupfen und fein hacken. Rosa Pfeffer in einem Mörser grob zerstoßen.

DIE BUTTER in einem Topf erhitzen. Schalotte darin glasig dünsten, Rosmarin zugeben und kurz mitdünsten. Rohrzucker zugeben, mit Rotwein angießen und alles kurz aufkochen lassen. Hitze reduzieren und 10 Min. köcheln lassen. Die Beeren zugeben und erwärmen.

JEWEILS DREI EL des Kompotts auf einen Teller geben. Ein Bäumchen daraufsetzen und mit etwas rosa Pfeffer bestreuen.

TIPP

Alkohol kommt für Kinder nicht in Frage. Wenn Sie also die Bäumchen speziell für Kinder machen wollen, sollten Sie die alkoholfreie Kirschsauce (Seite 56) zubereiten.

OSTERKUCHEN MIT SCHOKO-INGWER-SAUCE

{Auch Osterhasi mag Ayurveda}

40 MIN. + 75 MIN. GEHZEIT + 20 MIN. BACKZEIT = FÜR 4 PERSONEN

Für den Teig

500 g Mehl
½ TL Salz
½ TL Muskatblüte (gemahlen)
2 Eier
150 ml Milch
1 Würfel Hefe
60 g weiche Butter
1 Pckg. Vanillezucker
2 EL Agavendicksaft
1 Ei und etwas Milch zum Bepinseln

Für die Sauce

100 g Zartbitterschokolade
1 kleines Stück Ingwer
1 TL Sonnenblumenöl
300 ml Milch
1 Prise Currypulver
2 EL Ahornsirup
200 ml Sojasahne
etwas Kakaopulver zum Bestreuen

DEN BACKOFEN auf 175 Grad vorheizen.

DAS MEHL in eine Schüssel sieben, mit Salz und Muskatblüte mischen. 2 Eier in einem Becher verquirlen. Milch in einem kleinen Topf leicht erwärmen. Hefe hineinbröckeln und verrühren. Butter, Vanillezucker und Agavendicksaft zufügen. Alles mit einem Schneebesen schaumig rühren.

DIE EIER und Hefemilch zum Mehl geben und zu einem glatten Teig verkneten. Den Teig zugedeckt an einem warmen Ort 45 Min. gehen lassen.

ANSCHLIESSEND den Teig auf einer bemehlten Arbeitsfläche nochmals gut durchkneten, vierteln und vier Kugeln formen. Die Teigkugeln auf ein mit Backpapier ausgelegtes Backblech setzen und 20 Min. zugedeckt gehen lassen.

EI UND MILCH in einen Becher geben und verquirlen. Die Kuchen damit bestreichen und mit einer Schere dreimal gleichmäßig einschneiden. Nochmals ca. 10 Min. gehen lassen und anschließend 20 Min. backen.

DIE SCHOKOLADE hacken. Ingwer schälen und fein hacken. Sonnenblumenöl in einer kleinen Pfanne erhitzen und den Ingwer darin andünsten.

DIE MILCH in einem Topf erhitzen. Currypulver zufügen und kurz aufkochen lassen. Schokolade, Ingwer und Ahornsirup zugeben und mit einem Schneebesen verrühren.

DIE SOJASAHNE in einem hohen Gefäß cremig schlagen.

DIE SCHOKO-INGWER-SAUCE in Gläser füllen, etwas Sahne daraufgeben und mit Kakao bestreuen. Zu den Osterkuchen servieren.

HANDLICHES FÜR UNTERWEGS

{Kleine Pause zwischendurch? Ich empfehle ofenfrisches Ciabatta mit Bohnenaufstrich, gefüllte Datteln oder Auberginencreme! Man braucht so seine Highlights …}

KLASSISCHER HUMMUS

{Arabisches Flair in deutschen Küchen}

20 MIN. = FÜR 4 PERSONEN

- 500 g Kichererbsen (aus dem Glas)
- 1 Zitrone
- 2 rote Zwiebeln
- 2 EL Sesam
- 1 Bund glatte Petersilie
- 150 ml Olivenöl
- 1 TL Kreuzkümmelsamen (gemahlen)
- 1 TL rosenscharfes Paprikapulver
- 1 EL Agavendicksaft
- 1 TL Salz
- 2 EL Sesampaste

DIE KICHERERBSEN durch ein Sieb gießen und abtropfen lassen.

DIE ZITRONE auspressen. Zwiebeln schälen und fein hacken. Sesam in einer Pfanne ohne Fett bei mittlerer Hitze anrösten. Petersilie fein hacken.

DAS OLIVENÖL in eine Pfanne geben und erhitzen. Zwiebeln andünsten, Kreuzkümmel und Paprikapulver zufügen und kurz mitdünsten. Kichererbsen zugeben und anbraten.

DIE KICHERERBSEN in ein hohes Gefäß geben. Agavendicksaft, Salz, Zitronensaft und Sesampaste zufügen und alles mit einem Stabmixer pürieren. Zum Schluss die Petersilie unterheben.

AUBERGINENCREME

{Weckt Erinnerungen an den Süden}

20 MIN. + 25 MIN. BACKZEIT = FÜR 4 PERSONEN

- 2 Auberginen
- 1 TL Kreuzkümmelsamen
- 1 Bund Frühlingszwiebeln
- 1 rote Chilischote
- 3 Zweige Minze
- 6 EL Ölivenöl
- 2 TL Amchur
- 1 TL Ras el Hanout
- 1 TL Honig
- 1 TL Salz

DEN BACKOFEN auf 250 Grad vorheizen.

DIE AUBERGINEN halbieren. Die Schale mehrfach mit einer Gabel einstechen. Auberginenhälften mit der Schale nach oben auf ein Backblech legen und 25 Min. backen.

DIE AUBERGINEN aus dem Ofen nehmen, abkühlen lassen und die Schale abziehen. Fruchtfleisch in ein Sieb geben und ausdrücken.

DEN KREUZKÜMMEL in einer Pfanne ohne Fett bei mittlerer Hitze kurz anrösten. Frühlingszwiebeln in Ringe schneiden. Chilischote fein hacken. Minze fein hacken.

DAS OLIVENÖL in einer Pfanne erhitzen. Frühlingszwiebeln darin andünsten. Chili zufügen und 3 Min. mitdünsten.

AUBERGINEN, Frühlingszwiebeln mit Chili, Kreuzkümmel, Amchur, Ras el Hanout, Honig und Salz in ein hohes Gefäß geben. Mit einem Stabmixer zu einem cremigen Mus pürieren. Die Minze unterheben.

ROTER BOHNENAUFSTRICH

{Da freut man sich aufs Pausenbrot}

20 MIN. = FÜR 4 PERSONEN

500 g Kidney-Bohnen (aus dem Glas)
1 Zitrone
2 rote Zwiebeln
50 g Kürbiskerne
3 Zweige Thymian
150 ml Olivenöl
1 TL Koriandersamen (gemahlen)
1 TL scharfes Currypulver
1 EL Agavendicksaft
1 TL Salz
1 EL mittelscharfer Senf

DIE BOHNEN durch ein Sieb gießen und abtropfen lassen.

DIE ZITRONE auspressen. Zwiebeln schälen und fein hacken. Kürbiskerne in einer Pfanne ohne Fett bei mittlerer Hitze anrösten, etwas abkühlen lassen und grob hacken. Thymian fein hacken.

DAS OLIVENÖL in eine Pfanne geben und erhitzen. Zwiebeln unter Zugabe von Thymian, Koriandersamen und Currypulver darin glasig dünsten, Kreuzkümmel und Paprikapulver zufügen und kurz mitdünsten. Bohnen zugeben und kurz mitbraten.

DIE BOHNEN in ein hohes Gefäß geben. Agavendicksaft, Salz, Zitronensaft und Senf zufügen und alles mit einem Stabmixer pürieren. Zum Schluss die gehackten Kürbiskerne unterheben.

TOMATEN-RELISH

{Rauf aufs Brot und abgebissen}

20 MIN. = FÜR 4 PERSONEN

1 rote Zwiebel
100 g schwarze Oliven (entsteint)
5 Ochsenherztomaten (500 g)
2 EL Olivenöl
2 EL Aceto Balsamico
½ TL Salz
Pfeffer

DIE ZWIEBEL schälen und fein schneiden. Oliven ebenfalls fein schneiden. Tomaten würfeln und die Kerne entfernen.

DAS OLIVENÖL erhitzen und die Zwiebelwürfel glasig dünsten. Tomaten zugeben, kurz mitdünsten. Aceto Balsamico und Oliven zugeben und das Relish noch einmal kurz aufkochen. Mit Salz und Pfeffer abschmecken.

TIPP

Statt Ochsenherztomaten können Sie normale Fleischtomaten nehmen.

SESAM-MOHN-STICKS

{Fix weggeknuspert!}

15 MIN. + 30 MIN. GEHZEIT + 10 MIN. BACKZEIT = FÜR CA. 40 STICKS

¼ Würfel Hefe
4 EL Milch
450 g Mehl
1 EL edelsüßes Paprikapulver
150 ml Wasser
120 g Butter
50 g Mohn
50 g weißer Sesam

DEN BACKOFEN auf 200 Grad vorheizen.

DIE LAUWARME MILCH in einen Becher geben. Hefe hineinbröckeln und verrühren.

DAS MEHL und Paprikapulver in eine Schüssel sieben. Hefemilch, Wasser und Butter dazugeben. Alles zu einem geschmeidigen Teig kneten. Den Teig zugedeckt an einem warmen Ort 30 Min. gehen lassen.

DEN TEIG vierteln. Jedes Viertel auf einer bemehlten Arbeitsfläche zu einem flachen Rechteck ausrollen. Die Rechtecke in Streifen schneiden und lange, dünne Stäbchen daraus formen. Die Stäbchen mit etwas Wasser bepinseln. Mohn und Sesam auf ein Backblech streuen und die Sticks darin wenden.

DIE STICKS auf ein mit Backpapier ausgelegtes Backblech legen und 10 Min. goldgelb backen.

GEFÜLLTE DATTELN MIT ZIEGENFRISCHKÄSE

{Datteln mal spicy}

20 MIN. = FÜR 16 STÜCK

2 Zweige Minze
1 EL Walnusskerne
8 Datteln
50 g Ziegenfrischkäse
1 EL Honig
½ TL rosa Pfeffer (gemahlen)
Salz
½ TL Zimt

DIE MINZE grob hacken. Walnusskerne fein hacken. Datteln halbieren und entkernen.

DEN ZIEGENFRISCHKÄSE in eine Schüssel geben. Minze, Walnusskerne, Honig, rosa Pfeffer und Salz zufügen und alles zu einer glatten Creme rühren.

DIE CREME mit einem Messer in die Dattelhälften streichen. Mit Zimt bestreut servieren.

GRUNDREZEPT FÜR FLADENBROT

{Köstlich knusprig!}

10 MIN. + 40 MIN. GEHZEIT + 10 MIN. BACKZEIT = FÜR 8 STÜCK

500 g Mehl
1 Würfel Hefe
300 ml Wasser
30 ml Olivenöl
1 TL Rohrzucker

DEN BACKOFEN auf 180 Grad vorheizen.

LAUWARMES WASSER in einen Becher geben. Hefe hineinbröckeln und verrühren. Rohrzucker zufügen und unter Rühren auflösen.

DAS MEHL in eine Schüssel sieben. Hefewasser und Olivenöl dazugeben. Alles zu einem geschmeidigen Teig kneten. Den Teig zugedeckt an einem warmen Ort 30 Min. gehen lassen.

AUS DEM TEIG handtellergroße Kreise formen, auf ein mit Backpapier ausgelegtes Backblech legen und nochmals 10 Min. ruhen lassen.

DIE FLADENBROTE ca. 10 Min. backen, bis sie goldgelb sind.

FLADENBROT MIT KRÄUTERN

{Vive la France!}

10 MIN. + 40 MIN. GEHZEIT + 10 MIN. BACKZEIT = FÜR 8 STÜCK

1 Würfel Hefe
300 ml Wasser
500 g Mehl
2 EL Kräuter der Provence
30 ml Olivenöl
1 TL Rohrzucker

DEN BACKOFEN auf 180 Grad vorheizen.

LAUWARMES WASSER in einen Becher geben. Hefe hineinbröckeln und verrühren. Rohrzucker zufügen und unter Rühren auflösen.

DAS MEHL in eine Schüssel sieben. Kräuter der Provence zufügen. Hefewasser und Olivenöl und dazugeben. Alles zu einem geschmeidigen Teig kneten. Den Teig zugedeckt an einem warmen Ort 30 Min. gehen lassen.

AUS DEM TEIG handtellergroße Kreise formen, auf ein mit Backpapier ausgelegtes Backblech legen und nochmals 10 Min. ruhen lassen.

DIE FLADENBROTE ca. 10 Min. backen, bis sie goldgelb sind.

Wenn die Kids nach Gummibärchen verlangen …

Überraschen Sie sie mit diesem Fladenbrot und frischen Gemüsesticks. Die Gummibärchen sind garantiert ganz schnell vergessen!

TIPP

Sie können statt der getrockneten Kräuter der Provence auch frisch gehackte Kräuter der Saison nehmen, zum Beispiel jeweils 1 Zweig Rosmarin, Thymian und Oregano.

GRUNDREZEPT CIABATTA

{Dolce Vita trifft Ayurveda}

10 MIN. + 2,5 STD. GEHZEIT + 25 MIN. BACKZEIT = FÜR 2 CIABATTAS

300 ml Wasser
1 Würfel Hefe
100 ml Olivenöl
1 TL Rohrzucker
500 g Mehl (Type 550)
1 EL Salz

DEN BACKOFEN auf 250 Grad vorheizen.

LAUWARMES WASSER in eine große Schüssel geben. Hefe hineinbröckeln und verrühren. Olivenöl und Rohrzucker zufügen und alles mit einem Schneebesen kräftig verrühren.

DAS MEHL über die Hefemischung sieben. Salz dazugeben. Alles mit einem Rührlöffel verrühren. Den Teig zugedeckt an einem warmen Ort mindestens 2 Std. gehen lassen.

DEN TEIG auf eine bemehlte Arbeitsfläche geben, durchkneten, flach klopfen und in zwei gleich große Stücke teilen. Jedes Teigstück zu einem Rechteck von ca. 20 × 30 cm formen. Die schmalen Seiten einschlagen und die Teigstücke von der Längsseite aufrollen. Die Ciabattas auf ein mit Backpapier ausgelegtes Backblech legen und nochmals 30 Min. gehen lassen.

DIE CIABATTAS ca. 25 Min. backen, bis sie goldgelb sind.

TIPP

Sie können das Ciabatta nach Belieben mit Kräutern verfeinern. Dazu geben Sie entweder 2 EL getrocknete oder frisch gehackte Kräuter in den Teig.

VOLLKORN-CIABATTA

{Manchmal darf's auch vollwertig sein}

10 MIN. + 2,5 STD. GEHZEIT + 25 MIN. BACKZEIT = FÜR 2 CIABATTAS

300 ml Wasser
1 Würfel Hefe
100 ml Olivenöl
1 TL Rohrzucker
500 g Vollkornmehl
1 EL Salz
50 g Sesam
50 g Kürbiskerne

DEN BACKOFEN auf 250 Grad vorheizen.

LAUWARMES WASSER in eine große Schüssel geben. Hefe hineinbröckeln und verrühren. Olivenöl und Rohrzucker zufügen und alles mit einem Schneebesen kräftig verrühren.

DAS MEHL über die Hefemischung sieben. Salz, Sesam und Kürbiskerne dazugeben. Alles mit einem Rührlöffel verrühren. Den Teig zugedeckt an einem warmen Ort mindestens 2 Std. gehen lassen.

DEN TEIG auf eine bemehlte Arbeitsfläche geben, vorsichtig durchkneten, flach klopfen und in zwei gleich große Stücke teilen. Jedes Teigstück zu einem Rechteck von ca. 20 × 30 cm formen. Die schmalen Seiten einschlagen und die Teigstücke von der Längsseite aufrollen. Die Ciabattas auf ein mit Backpapier ausgelegtes Backblech legen und nochmals 30 Min. gehen lassen.

DIE CIABATTAS ca. 25 Min. backen, bis sie goldgelb sind.

Fußballspiel vorbei, alle hungrig wie die Löwen?

Dann ist jetzt Zeit, etwas Herzhaftes zwischen die Zähne zu bekommen (und bei Niederlagen natürlich eine Extraportion Lieblingsnachtisch als Seelentröster)!

OLIVEN-KRÄUTER-BROT

{Superlecker mit heißem Chutney}

15 MIN. + 10 MIN. GEHZEIT + 60 MIN. BACKZEIT = FÜR EIN BROT

½ Würfel Hefe
1 TL Ahornsirup
500 g Dinkelmehl
50 g Sonnenblumenkerne
50 g Kürbiskerne
1 TL Kreuzkümmelsamen
50 g grüne Oliven (entsteint)
1 Zweig Oregano
50 g Sesam
2 TL Salz
1 TL Zimt
450 ml Wasser
1½ EL Aceto Balsamico

DEN BACKOFEN auf 200 Grad vorheizen.

6 EL LAUWARMES Wasser in einen Becher geben. Hefe hineinbröckeln und verrühren. Ahornsirup und 5 EL Mehl zufügen und verrühren. 10 Min. gehen lassen.

SONNENBLUMEN- UND KÜRBISKERNE in einer Pfanne ohne Fett anrösten. Kreuzkümmelsamen in einem Mörser grob zerstoßen. Oliven fein schneiden. Oregano fein hacken.

DAS MEHL in eine Schüssel sieben. Sonnenblumen- und Kürbiskerne, Kreuzkümmel, Oliven, Oregano, Sesam, Salz und Zimt zufügen und alles mischen. Hefemilch, Wasser und Aceto Balsamico zufügen. Alles zu einem geschmeidigen Teig rühren.

DEN TEIG in eine Kastenform füllen und ca. 60 Min. goldgelb backen.

TIPP

Testen Sie, ob das Brot schon durchgebacken ist, indem Sie ein Holzstäbchen in die Mitte des Teigs stecken. Bleibt Teig am Holz kleben, muss das Brot weiterbacken.

CIABATTA MIT GEGRILLTEM GEMÜSE UND KRÄUTERCREME

{Die nächste Grillparty kann kommen}

20 MIN. = FÜR 4 PERSONEN

Für das Gemüse

1 Zucchino
50 g Zuckerschoten
1 Süßkartoffel
3 EL Olivenöl
1 TL Currypulver
Salz

Für die Creme

1 Bund Basilikum
1 Bund Rucola
50 g Mandeln (gehackt)
5 EL Olivenöl
½ TL Salz
200 g Frischkäse
2 EL Naturjoghurt
1 TL Honig
2 Ciabattas (Seite 122)

DEN ZUCCHINO in Würfel schneiden. Zuckerschoten in feine Streifen schneiden. Süßkartoffel schälen und in kleine Würfel schneiden.

DAS OLIVENÖL in einer Pfanne erhitzen. Currypulver zugeben, kurz andünsten. Süßkartoffel zugeben und 10 Min. anbraten. Zuckerschoten und Zucchino zufügen und weitere 5 Min. braten, bis das Gemüse leicht gebräunt ist.

BASILIKUM UND RUCOLA grob hacken. Mandeln in einer Pfanne ohne Fett bei mittlerer Hitze anrösten.

BASILIKUM und Rucola, Olivenöl, Salz und Mandeln in ein hohes Gefäß geben und mit einem Stabmixer zu einer sämigen Masse pürieren. Frischkäse, Joghurt und Honig zufügen und alles zu einer Creme rühren.

DAS CIABATTA in Scheiben schneiden. Mit der Kräutercreme bestreichen und das Grillgemüse darauf verteilen.

CIABATTA SPECIALE

{Knusprig trifft auf cremig}

40 MIN. = FÜR 4 PERSONEN

Für die Brote

50 g schwarze Oliven (entsteint)
50 g grüne Oliven (entsteint)
1 rote Zwiebel
2 Kugeln Mozzarella (à ca. 125 g)
2 große Tomaten (z. B. Ochsenherzen)
3 EL Olivenöl
1 TL rosenscharfes Paprikapulver
2 EL Ziegenfrischkäse
2 EL Tomatenmark
1 EL Agavendicksaft
½ TL Salz
2 Ciabattas (Seite 122)

Für das Pesto

2 Bund Basilikum
1 Limette
50 g Pinienkerne
150 ml Olivenöl
1 EL Ahornsirup
1 TL Salz
1 TL rosa Pfeffer (gemahlen)

DEN BACKOFEN auf 180 Grad vorheizen.

DIE OLIVEN fein hacken. Zwiebel schälen und in feine Würfel schneiden. Mozzarella und Tomaten in Scheiben schneiden.

DAS OLIVENÖL in einer Pfanne erhitzen. Zwiebel, Oliven und Paprikapulver zufügen und alles kurz anschwitzen.

ZIEGENFRISCHKÄSE, Tomatenmark, Agavendicksaft und Salz in eine Schüssel geben. Die Zwiebel-Oliven zufügen und alles zu einer Creme verrühren.

DIE CIABATTAS in Scheiben schneiden. Mit der Creme bestreichen. Jeweils eine Scheibe Tomate und Mozzarella darauflegen.

EIN BACKBLECH mit Backpapier belegen, die Brote daraufsetzen und 10 Min. überbacken.

DEN BASILIKUM grob hacken. Limette auspressen. Pinienkerne in einer Pfanne ohne Fett bei mittlerer Hitze anrösten.

BASILIKUM, LIMETTENSAFT, Pinienkerne, Olivenöl, Ahornsirup, Salz und rosa Pfeffer in ein hohes Gefäß geben und mit einem Stabmixer pürieren.

DAS PESTO zu den warmen Ciabattas servieren.

TOMATEN-OLIVEN-SCONES MIT PESTO

{Konkurrenz für Käse-Igel!}

20 MIN. + 10 MIN. ZIEHZEIT + 20 MIN. BACKZEIT = FÜR 16 STÜCK

Für die Scones

400 g mehlig kochende Kartoffeln (vom Vortag)
10 getrocknete Tomaten
50 g schwarze Oliven (entsteint)
1 Zweig Rosmarin
300 g Mehl
1 Pckg. Backpulver
⅓ TL Muskatnuss (gemahlen)
1 EL getrocknete Kräuter der Provence
150 ml Mineralwasser
150 ml Milch
60 g Butter
1 Ei
1 TL Salz
½ TL Pfeffer
etwas Olivenöl

Für das Pesto

1 Bund Basilikum
4 Blätter Bärlauch
½ Zitrone
50 g Kürbiskerne
150 ml Olivenöl
1 EL Honig
½ TL Salz
1 TL rosa Pfeffer (gemahlen)

DEN BACKOFEN auf 200 Grad vorheizen.

DIE GETROCKNETEN TOMATEN in heißem Wasser 10 Min. ziehen lassen, ausdrücken und in feine Streifen schneiden. Oliven grob hacken. Rosmarin fein hacken.

DIE KARTOFFELN kochen, auskühlen lassen, schälen und durch eine Kartoffelpresse oder durch ein Sieb in eine große Schüssel pressen.

DAS MEHL, Backpulver und die Muskatnuss darübersieben. Tomaten, Oliven, Rosmarin und Kräuter der Provence dazugeben. Mineralwasser, Milch, Butter, Ei, Salz und Pfeffer hinzufügen und alles zu einem Teig verkneten.

DEN TEIG auf einer bemehlten Arbeitsfläche ca. 2 cm dick ausrollen. Mit einem Ausstecher Kreise von ca. 8 cm Durchmesser ausstechen.

DIE SCONES auf ein mit Backpapier ausgelegtes Backblech legen, mit Olivenöl bepinseln und im Backofen ca. 15–20 Min. goldgelb backen.

DEN BASILIKUM und Sauerampfer grob hacken. Zitrone auspressen. Kürbiskerne in einer Pfanne ohne Fett bei mittlerer Hitze anrösten, etwas abkühlen lassen und grob hacken.

BASILIKUM, SAUERAMPFER, Zitronensaft, Olivenöl, Honig, Salz und rosa Pfeffer in ein hohes Gefäß geben und mit einem Stabmixer pürieren. Zum Schluss die Kürbiskerne unterrühren.

DAS PESTO zu den Scones servieren.

BAUERNBROT MIT PAPRIKA-SPINAT-OMELETTE

{Die Sandwich-Luxusvariante}

30 MIN. = FÜR 4 PERSONEN

4 Eier
1 rote Paprikaschote
1 Schalotte
1 Zitrone
200 g Spinat
½ TL scharfes Currypulver
½ TL Kreuzkümmelsamen (gemahlen)
5 EL Olivenöl
1 TL Salz
4 Scheiben Bauernbrot

DIE PAPRIKASCHOTE mit einem Sparschäler schälen, halbieren, entkernen und in kleine Würfel schneiden. Schalotte abziehen und in Würfel schneiden. Zitronenschale fein abreiben.

3 EL OLIVENÖL in einer Pfanne erhitzen. Schalotte darin glasig dünsten. Paprikawürfel hinzufügen und kurz anbraten. Spinat zugeben und zusammenfallen lassen. Currypulver und Kreuzkümmel zugeben und unterrühren.

DIE EIER in einer Schüssel mit einem Schneebesen schaumig rühren. Zum Gemüse in die Pfanne geben und bei kleiner Hitze 5–7 Min. stocken lassen. Pfanne vom Herd nehmen und den Eierkuchen vierteln.

DIE BROTSCHEIBEN in der Mitte durchschneiden. Auf 4 Hälften jeweils ein Viertel des Eierkuchens legen. Mit etwas Meersalz und der abgeriebenen Zitronenschale bestreuen. Das restliche Olivenöl darüber träufeln und mit der anderen Brothälfte belegen.

BAUERNBROT MIT ÜBERBACKENEN BIRNEN

{Toast Hawaii stand Pate}

30 MIN. = FÜR 4 PERSONEN

Für die Brote

3 Zweige glatte Petersilie
2 Avocados
2 TL Trüffelöl
1 TL Limettensaft
½ TL Salz
½ TL Pfeffer
4 Scheiben Bauernbrot
1 Zitrone
2 Kugeln Mozzarella (à ca. 125 g)
1 Birne
1 TL grobes Meersalz

Für das Topping

2 EL Kürbiskerne
3 EL Olivenöl
1 TL Agavendicksaft
1 TL Aceto Balsamico
50 g Feldsalat

DEN BACKOFEN auf 180 Grad vorheizen.

DIE PETERSILIE fein hacken.

DIE AVOCADO halbieren, Kern entfernen. Fruchtfleisch aus der Schale löffeln und in ein hohes Gefäß geben. Trüffelöl, Limettensaft, Salz, Pfeffer und Petersilie zufügen und alles mit einem Stabmixer zu einer cremigen Masse pürieren. Die Avocadocreme auf die Brote streichen.

DIE ZITRONENSCHALE fein abreiben und den Saft auspressen. Mozzarella in Scheiben schneiden. Birne vierteln, Kerngehäuse entfernen, Fruchtfleisch in dünne Spalten schneiden und mit etwas Zitronensaft beträufeln.

DIE BIRNENSPALTEN auf die Brote legen und mit Mozzarellascheiben bedecken. Zitronenschale und Meersalz daraufstreuen.

DIE BROTE auf ein mit Backpapier ausgelegtes Backblech setzen und 10 Min. im Ofen überbacken. Die Kürbiskerne in einer Pfanne ohne Fett bei mittlerer Hitze anrösten.

DAS OLIVENÖL in eine kleine Schüssel geben. Mit Agavendicksaft und Aceto Balsamico vermischen. Feldsalat zugeben und mit dem Dressing mischen.

DEN FELDSALAT auf die ofenwarmen Brote geben und mit den Kürbiskernen bestreut servieren.

SCHATZSUCHERBRÖTCHEN

{Topfschlagen war gestern!}

30 MIN. + 90 MIN. GEHZEIT + 40 MIN. BACKZEIT = FÜR 12 STÜCK

100 g Rosinen
100 ml Traubensaft
2 Vanilleschoten
250 ml Milch
2 Msp. Safranpulver
1 Würfel Hefe
1 Orange
50 g Butter
500 g Dinkelmehl
50 g Rohrzucker
Salz
2 Eier
1 Mandel
100 g Aprikosenkonfitüre
4 EL Wasser
100 g Mandeln (gehobelt)

DIE ROSINEN im Traubensaft einweichen. Vanilleschoten fein hacken.

DIE MILCH in einen kleinen Topf geben. Safran und Vanille zugeben. Milch leicht erwärmen und 10 Min. ziehen lassen. Hefe hineinbröckeln und mit einem Schneebesen unterrühren.

DIE SCHALE der Orange fein abreiben. Butter in einem kleinen Topf schmelzen.

DAS DINKELMEHL in eine große Schüssel sieben. Rohrzucker, Orangenabrieb und Salz zufügen. Die Hefe-Milch, zerlassene Butter, 1 Ei und die Rosinen zugeben. Mit dem Handrührgerät oder in einer Küchenmaschine zu einem glatten Teig kneten.

DEN TEIG mit einem feuchten Tuch bedecken und an einem warmen Ort ca. 60 Min. gehen lassen, bis er sein Volumen verdoppelt hat.

DEN BACKOFEN auf 175 Grad vorheizen.

DEN TEIG auf eine leicht bemehlte Arbeitsfläche legen und die Mandel hineinstecken. Nochmals gut durchkneten und anschließend den Teig zu Brötchen formen.

DIE BRÖTCHEN auf ein mit Backpapier ausgelegtes Blech setzten, mit Wasser bepinseln und weitere 30 Min. gehen lassen.

1 EI in einem Becher verquirlen. Die Brötchen damit bestreichen und ca. 40 Min. goldgelb backen. Danach herausnehmen und abkühlen lassen.

DIE APRIKOSENKONFITÜRE mit dem Wasser in einem kleinen Topf aufkochen. Mandeln in einer Pfanne ohne Fett bei mittlerer Hitze goldbraun rösten.

DIE BRÖTCHEN mit der noch heißen Marmelade bepinseln und mit Mandeln bestreuen.

TIPP

Wer die Mandel in seinem Brötchen entdeckt, ist der Gewinner der Schatzsuche!

LECKERER SPEZIALSPASS FÜR DIE KLEINEN

{Auch Klassiker der ewigen Lieblingsessen-Hitparade wie Pommes rot-weiß, Nudeln mit Tomatensauce oder Pizza sind übrigens ayurvedisch …}

Der Retter nach verhagelten Schularbeiten

An „Alles-doof-Tagen“ sind Nudeln mit Tomatensauce ein Garant für gute Laune!

TOMATENSAUCE FÜR NUDELN ALLER ART

{Kommt wohl nie aus der Mode}

20 MIN. = FÜR 4 PERSONEN

- 1 rote Zwiebel
- 4 EL Olivenöl
- 400 g Strauchtomaten
- 2 EL Tomatenmark
- 150 ml Gemüsebrühe
- 1 EL Rohrzucker
- ½ TL Salz
- Pfeffer
- 1 Bund glatte Petersilie
- 5 Zweige Basilikum
- 2 Zweige Salbei

DIE ZWIEBEL abziehen und in Würfel schneiden.

DIE TOMATEN über Kreuz einschneiden. In einer großen Schüssel mit kochendem Wasser übergießen, kurz stehen lassen und die Haut abziehen. Tomaten halbieren, die Kerne mit einem Löffel entfernen und das Tomatenfleisch in Würfel schneiden.

DAS OLIVENÖL in einem Topf erhitzen. Zwiebel darin glasig dünsten. Tomatenwürfel, Tomatenmark und Rohrzucker zugeben. Mit Gemüsebrühe angießen und kurz aufkochen lassen. Mit Salz und Pfeffer abschmecken.

PETERSILIE, BASILIKUM und Salbei fein hacken und unter die Tomatensauce mischen.

GEMÜSEPLÄTZCHEN

{Vitamine aus der Pfanne}

30 MIN. = FÜR 20–25 PLÄTZCHEN

- 200 g Gemüse der Saison
- 200 g Kichererbsenmehl
- 1 TL Backpulver
- ½ TL Koriandersamen (gemahlen)
- 1 TL edelsüßes Paprikapulver
- ½ TL Zimt
- 2 TL Currypulver
- ¼ TL Cayennepfeffer
- 150 ml Wasser
- 1 TL Salz
- 1 TL Rohrzucker
- 5 EL Ghee

DAS GEMÜSE schälen und fein raspeln.

KICHERERBSENMEHL, Backpulver, Koriander, Paprikapulver, Zimt, Currypulver und Cayennepfeffer in eine Schüssel sieben. Gemüsemus und Wasser zugeben und alles zu einem glatten Teig verrühren. Mit Salz und Rohrzucker abschmecken.

DAS GHEE in einer Pfanne erhitzen. Mit einem Löffel kleine Teighäufchen in die Pfanne setzen und platt drücken. Von jeder Seite 3–4 Min. goldbraun ausbacken.

ROTE-BETE-STULLE MIT KRESSE

{Mein Lieblingspausenbrot!}

40 MIN. = FÜR 4 PERSONEN

Für das Gemüse

200 g Rote Bete (gekocht)
1 Birne
1 grüne Chilischote
2 EL Olivenöl
1 TL Zimt

Für die Remoulade

½ Zitrone
4 Zweige glatte Petersilie
200 ml Sojamilch
500 ml Sonnenblumenöl
1 TL Salz
½ TL Kurkuma
1 Prise Chilipulver
1 TL mittelscharfer Senf
1 EL Agavendicksaft
2 Ciabattas (Seite 122)
1 Beet Kresse

DIE ROTE BETE in feine Würfel schneiden. Birne vierteln, Kerngehäuse entfernen, in feine Würfel schneiden. Chilischote fein hacken.

DAS OLIVENÖL in einer Pfanne erhitzen. Rote Bete, Chili und Birne zugeben. Zimt darübergeben und alles 3 Min. dünsten.

DIE HALBE ZITRONE auspressen. Petersilie fein hacken.

MILCH, SONNENBLUMENÖL, Salz, Zitrone, Kurkuma, Chilipulver, Senf und Agavendicksaft in ein hohes Gefäß geben und mit einem Stabmixer zu einer sämigen Creme pürieren. Gehackte Petersilie untermischen.

DIE CIABATTAS in Scheiben schneiden. Die Remoulade auf die Ciabattas streichen. Rote-Bete-Birnen-Mischung darauf verteilen. Kresse vom Beet schneiden und die Stullen damit bestreuen.

KARTOFFELECKEN AUS DEM OFEN

{Beliebt bei allen Kids}

10 MIN. + 25 MIN. BACKZEIT = FÜR 4 PERSONEN

- 500 g kleine Kartoffeln
- 100 ml Olivenöl
- 1 TL grobes Salz
- 1 TL Currypulver
- 2 TL edelsüßes Paprikapulver

DEN BACKOFEN auf 180 Grad vorheizen.

DIE KARTOFFELN längs vierteln.

DAS OLIVENÖL in einer Schüssel mit Salz, Curry- und Paprikapulver mischen. Die Kartoffeln dazugeben und alles gut mischen.

DIE KARTOFFELECKEN auf ein Backblech geben und im Ofen 25 Min. goldgelb backen.

TIPP

Statt Kartoffeln können Sie auch Süßkartoffeln nehmen, diese zu Pommes schneiden und genauso marinieren und backen wie die Kartoffelecken.

VEGANE MAYONNAISE

{Pommes Schranke Teil 1...}

10 MIN. = FÜR 4 PERSONEN

- 250 ml Sojamilch
- 2 TL mittelscharfer Senf
- 2 TL Zitronensaft
- 1 EL Agavendicksaft
- 1 TL Salz
- ¼ TL Cayennepfeffer
- 250 ml Sonnenblumenöl

MILCH, SENF, Zitronensaft, Agavendicksaft, Salz und Cayennepfeffer in ein hohes Gefäß geben. Mit einem Stabmixer unter ständiger Zugabe des Olivenöls die Mayonnaise zu einer geschmeidigen Masse mixen.

TOMATENKETCHUP

{Pommes Schranke Teil 2}

40 MIN. = FÜR 3 GROSSE SCHRAUBGLÄSER

3 große Schraubgläser
1 rote Zwiebel
500 g Tomaten (z. B. Ochsenherz)
2 EL Olivenöl
1 Dose passierte Tomaten (500 g)
100 ml roter Traubensaft
150 g Gelierzucker (1:3)
1 TL Salz
1 EL edelsüßes Paprikapulver
1 TL Kurkuma

DIE EINMACHGLÄSER sowie die dazugehörigen Deckel ca. 2 Min. in kochendes Wasser geben. Mit einer Schaumkelle herausnehmen und auf einem sauberen Küchentuch abtropfen lassen.

DIE ZWIEBEL abziehen und in Würfel schneiden.

DIE TOMATEN über Kreuz einschneiden. In einer großen Schüssel mit kochendem Wasser übergießen, kurz stehen lassen und die Haut abziehen. Tomaten halbieren, die Kerne mit einem Löffel entfernen und das Tomatenfleisch in Würfel schneiden.

DAS OLIVENÖL in einem großen Topf erhitzen. Zwiebel darin glasig dünsten. Tomatenwürfel, passierte Tomaten, Traubensaft und Gelierzucker zugeben und kurz aufkochen lassen. Salz, Paprikapulver und Kurkuma zugeben und alles bei mittlerer Hitze ca. 30 Min. zugedeckt köcheln lassen.

DIE SAUCE mit einem Stabmixer pürieren und ohne Deckel 40 Min. unter ständigem Rühren auf die Hälfte einkochen lassen.

DEN KETCHUP noch heiß in die Gläser füllen und gut verschließen. Mit einem Küchentuch abdecken und auskühlen lassen.

TIPP

Kühl und dunkel gelagert hält sich der Ketchup mehrere Wochen. Nach dem Öffnen auf jeden Fall im Kühlschrank aufbewahren und zügig verbrauchen.

Klassischer Hummus
Vegane Mayonnaise

Tomatenketchup
Roter Bohnenaufstrich
Tomaten-Relish

SCHNIPSEL-PIZZA

{TK-Pizza ade!}

20 MIN. + 40 MIN. GEHZEIT + 15 MIN. BACKZEIT = FÜR 4 STÜCK

200 ml Wasser
1 Würfel Hefe
1 TL Rohrzucker
400 g Mehl
30 ml Olivenöl
500 g Fleischtomaten
2 Zweige Basilikum
500 g Gemüse der Saison
Salz
Pfeffer

DEN BACKOFEN auf 180 Grad vorheizen.

LAUWARMES WASSER in einen Becher geben. Hefe hineinbröckeln und verrühren. Rohrzucker zufügen und unter Rühren auflösen.

DAS MEHL in eine Schüssel sieben. Hefewasser und Olivenöl dazugeben. Alles zu einem geschmeidigen Teig kneten. Den Teig zugedeckt an einem warmen Ort 30 Min. gehen lassen.

AUS DEM TEIG handtellergroße Kreise formen, auf ein mit Backpapier ausgelegtes Backblech legen und nochmals 10 Min. ruhen lassen.

DAS GEMÜSE in kleine Stücke schneiden. Basilikum grob hacken.

DIE TOMATEN über Kreuz einschneiden. In einer großen Schüssel mit kochendem Wasser übergießen, kurz stehen lassen und die Haut abziehen. Tomaten halbieren, die Kerne mit einem Löffel entfernen und das Tomatenfleisch in Würfel schneiden.

TOMATEN UND BASILIKUM in ein hohes Gefäß geben und mit einem Stabmixer pürieren.

DEN PIZZATEIG mit dem Tomatenpüree bestreichen. Das Gemüse darauflegen und die Pizzen 10–15 Min. im Ofen backen.

VOR DEM SERVIEREN etwas salzen, pfeffern und mit Olivenöl beträufeln.

Perfekt, wenn Sie kleine Gemüseskeptiker am Tisch haben!

Alles zusammenpanschen und in die Pfanne hauen – der Erfolg ist Ihnen nahezu sicher.

GEMÜSE-GLÜCKSTALER

{So bekommen Sie Gemüse ins Kind!}

40 MIN. = FÜR 8 STÜCK

600 g Kartoffeln
2 Zucchini
100 g Mandeln (gehackt)
1 Bund glatte Petersilie
100 g Haferflocken
1 EL süßer Senf
2 TL Currypulver
1 Prise Cayennepfeffer
2 TL Salz
5 EL Ghee

DIE KARTOFFELN kochen, auskühlen lassen, schälen und durch eine Kartoffelpresse in eine große Schüssel pressen.

DIE ZUCCHINI grob reiben. Mandeln in einer Pfanne ohne Fett bei mittlerer Hitze anrösten. Petersilie fein hacken.

DIE ZUCCHINI, Mandeln und Petersilie zur Kartoffelmasse in die Schüssel geben. Haferflocken, Senf, Currypulver, Cayennepfeffer und Salz zufügen und alles zu einem geschmeidigen Teig verkneten. Mit angefeuchteten Händen Handteller große Taler daraus formen.

DAS GHEE in einer großen Pfanne erhitzen. Die Taler von beiden Seiten jeweils 3–4 Min. goldgelb darin ausbacken.

TIPP

Statt der Zucchini können Sie zwei Karotten oder zwei Paprika in die Taler reiben. Die Paprika sollten Sie vorher mit einem Sparschäler schälen. Die Schale ist von Kindermägen kaum zu verdauen.

MILCHPUDDING MIT ROSENWASSER

{Coole Kombi, oder?}

30 MIN. + 4 STD. KÜHLZEIT = FÜR 4 PERSONEN

1 l Milch
1 Vanilleschote
8 EL Speisestärke
200 g Rohrzucker
3 EL Rosenwasser
1 EL Ghee
3 EL Mandeln (gehackt)
3 EL Pistazien (geschält, ungesalzen)

DIE MILCH in einem großen Topf unter ständigem Rühren zum Kochen bringen. Jetzt Hitze reduzieren und unter gelegentlichem Rühren ca. 20 Min. köcheln lassen.

DIE VANILLESCHOTE fein hacken. Speisestärke in einem Becher mit 6 EL Wasser verrühren.

DEN ROHRZUCKER und die gehackte Vanille in die Milch geben. Speisestärke einrühren. Wenn der Pudding sämig wird, Topf vom Herd nehmen und Rosenwasser zufügen.

DEN PUDDING in eine Auflaufform füllen und abkühlen lassen. Danach 4 Std. im Kühlschrank ruhen lassen.

VOR DEM SERVIEREN Ghee in einer Pfanne erhitzen. Mandeln und Pistazien darin goldbraun anrösten und über den Pudding geben.

WIE VIEL **ZUWENDUNG** BRAUCHEN KINDER?

GERADE BEIM THEMA KINDERERZIEHUNG HAT SICH IN DEN LETZTEN JAHRZEHNTEN DIE PERSPEKTIVE DEUTLICH VERSCHOBEN.

Es ist noch keine hundert Jahre her, da wussten auf großen Gutshöfen die Väter kaum die Namen, geschweige denn die Geburtsdaten ihrer Kinder. In Arbeiterfamilien waren zehn Kinder und mehr keine Seltenheit. Es war ganz normal, dass Kinder zum Lebensunterhalt der Familie beitragen mussten. Heute ist alleine die Namensfindung für das Kind eine Wissenschaft für sich. Um den Geburtstag kümmert sich eine Eventagentur und die Erwachsenen springen aufgeregt um ein Kind herum, wenn die Ursache der Blähungen nicht zeitnah gefunden werden kann.

Als meine Grundschullehrerin Frau Weiß in Ruhestand ging, habe ich aus Nostalgiegründen noch einmal mit ihr telefoniert. Man hat ja manchmal so Anwandlungen. Wir sprachen über Kindererziehung im Allgemeinen und Besonderen. Da sagte sie: „Volker, als du zur Schule gingst, wusste ich nicht mal, wie man kinderpsychologische Ambulanz schreibt. Inzwischen wartet man sechs Monate auf einen Termin, so ausgebucht sind die Praxen.“

Läuft da etwas schief? Ich will mir nicht anmaßen, über etwaige Ursachen zu philosophieren, das steht mir weder zu, noch bin ich dafür qualifiziert, aber ich stelle fest, dass ganz offenbar irgendetwas ziemlich ungleichmäßig verteilt ist.

Im Ayurveda gelten Kinder als Sprösslinge, die gehegt und gepflegt werden müssen. Heutzutage kann man fast den Eindruck haben, dass Kinder gnadenlos mit allem Möglichen vollgepumpt werden. Mit sieben oder acht Jahren haben Kinder oft schon das zweite Fremdsprachendiplom und die erste Masterclass in Ballett oder Klavier in der Tasche.

Nicht dass es jetzt heißt, der Mehl mit seiner ayurvedischen Philosophie hat was gegen die Förderung der Kinder. Natürlich sollte man die Eigeninitiative der Kinder immer unterstützten. Wenn sie von sich aus Chinesisch sprechen oder Trompete blasen wollen, ist es natürlich wichtig, das zu fördern. Aber bitte nur dann. Auf keinen Fall sollte man aber die eigenen Bildungskomplexe auf die Kinder übertragen. Die haben schon genug Stress in der Krabbelgruppe, wenn einer dabei ist, der sich ein paar Tage früher gedreht hat.

DENN ES IST DOCH SO: IN DER ERZIEHUNG EINES KINDES GEHT ES NICHT UMS MODIFIZIEREN, ES GEHT UMS STABILISIEREN. FÜR HECKENROSEN ZUM BEISPIEL KAUFT MAN OPTIMALERWEISE EIN PFLANZGITTER, DAMIT SIE HALT FINDEN, WENN DER WIND IHNEN DIE BLÄTTER ZERZAUST. MAN SCHNEIDET AUCH IMMER NUR SO VIEL WEG, DASS DER ROSE GENÜGEND KRAFT BLEIBT, WEITERZUWACHSEN UND IRGENDWANN BLÜTEN ZU BILDEN. WENN DER AMBITIONIERTE KLEINGÄRTNER ZU FRÜH UND ZU VIEL ABSÄBELT, WIRD DIE PFLANZE SO GESCHWÄCHT, DASS SIE VIELLEICHT SOGAR EINGEHT.

Es gilt also die Balance zu finden zwischen einem Zuviel und einem Zuwenig. Das Gleiche gilt für Kinder. Geben wir ihnen also Unterstützung zum Wachsen wie den Heckenrosen ein Pflanzgitter.

ROMANTIKDINNER FÜR DIE GROSSEN

{Endlich Zeit zum Genießen! Wetten, dass Ihre Gäste die Mangoldtaler mit Vanille-Karotten oder die gebratenen Paprika auf Erbspüree sofort nachkochen wollen?}

GEBRATENE PAPRIKA AUF ERBSEN-PÜREE

{Frische Minze sorgt für den Kick}

30 MIN. = FÜR 4 PERSONEN

1 rote Paprikaschote
1 gelbe Paprikaschote
2 Schalotten
1 Limette
3 Zweige Minze
3 EL Olivenöl
1 TL Currypulver
50 g Butter
500 g TK-Erbsen
2 EL Sojasahne
¼ TL Muskatnuss (gemahlen)
1 EL Kräuter der Provence
1 TL Salz
⅓ TL Pfeffer (gemahlen)

DIE PAPRIKA mit einem Sparschäler schälen, halbieren, entkernen und in Streifen schneiden. Schalotten abziehen und in Würfel schneiden. Limettensaft auspressen. Minze fein hacken.

DAS OLIVENÖL in einer Pfanne erhitzen und die Paprika darin 5 Min. anbraten. Mit Currypulver abschmecken.

DIE BUTTER in einem Topf zerlassen und die Schalotten darin 3 Min. glasig dünsten. Erbsen, Limettensaft und Sojasahne zugeben, alles gut mischen und zugedeckt bei mittlerer Hitze 8 Min. köcheln lassen.

MINZE, MUSKATNUSS, Kräuter der Provence, Salz und Pfeffer zugeben, kurz mitköcheln lassen. Mit einem Stabmixer zu einer geschmeidigen Creme pürieren.

DIE ERBSENCREME auf 4 Teller verteilen. Die gebratenen Paprika darauf anrichten.

MANGOLDTALER MIT VANILLE-KAROTTEN

{Alle Aromen des Ayurveda vereint}

40 MIN. + 30 MIN. ZIEHZEIT = FÜR 4 PERSONEN

Für die Taler

600 g mehlig kochende Kartoffeln
50 g Cashewkerne
10 getrocknete Tomaten
1 Staude Mangold
100 g Haferflocken
1 EL mittelscharfer Senf
2 TL Currypulver
1 Prise Cayennepfeffer
2 TL Salz
100 ml Olivenöl

Für das Gemüse

400 g Karotten
1 Bund Frühlingszwiebeln
1 Vanilleschote
4 Zweige Basilikum
1 l Orangensaft
1 EL Ghee
¼ TL Chilipulver
1 TL Kreuzkümmelsamen
3 EL Ahornsirup
1 TL grobes Meersalz

DIE KARTOFFELN kochen, auskühlen lassen, schälen und durch eine Kartoffelpresse oder durch ein Sieb in eine große Schüssel pressen.

DIE CASHEWKERNE in einer Pfanne ohne Fett bei mittlerer Hitze anrösten, etwas abkühlen lassen und grob hacken.

GETROCKNETE TOMATEN in heißem Wasser 10 Min. ziehen lassen, ausdrücken und in feine Streifen schneiden.

DEN MANGOLD putzen und fein hacken. Mangold, Haferflocken, Senf, Currypulver, Cayennepfeffer und Salz zu den Kartoffeln in die Schüssel geben. Alles zu einem Teig verkneten und mit angefeuchteten Händen zu handtellergroßen Talern formen.

DAS OLIVENÖL in einer Pfanne erhitzen und die Taler darin von beiden Seiten 3–5 Min. kross anbraten.

DIE KAROTTEN schälen, halbieren und in Streifen schneiden. Frühlingszwiebeln in Ringe schneiden. Vanilleschote fein hacken. Basilikum grob zerzupfen.

DIE KAROTTENSTREIFEN in einen Topf geben. Orangensaft zugeben und 2 Min. aufkochen. Topf vom Herd nehmen und Karotten 30 Min. ziehen lassen. Danach Orangensaft durch ein Sieb abgießen, Karotten abtropfen lassen.

DAS GHEE in einer Pfanne erhitzen. Chilipulver, Kreuzkümmel und Vanille kurz darin anbraten. Frühlingszwiebeln zugeben und kurz mitbraten. Karotten und Ahornsirup zufügen und das Gemüse 5 Min. dünsten.

MIT BASILIKUM und Meersalz bestreuen und zu den Mangoldtalern servieren.

Sagen Sie nicht, ich hätte Sie nicht gewarnt.

Auch wenn die Mangoldtaler für die Großen sind – wenn die Kleinen sie zu fassen kriegen, sind sie ruck, zuck weggefuttert.

WIRSINGPÄCKCHEN AUF KAROTTEN-LAUCH-GEMÜSE

{Wie Sushi, nur wärmer}

40 MIN. + 10 MIN. BACKZEIT = FÜR 4 PERSONEN

Für die Päckchen

100 g Couscous
250 ml Gemüsebrühe
1 kleiner Wirsing (500 g)
1 Bund Frühlingszwiebeln
1 rote Paprikaschote
50 g schwarze Oliven (entsteint)
10 getrocknete Tomaten
50 g Pinienkerne
3 Zweige Minze
5 EL Olivenöl
1 TL rosenscharfes Paprikapulver
1 TL mittelscharfer Senf
½ TL Salz
½ TL Pfeffer

Für das Gemüse

6 Karotten
2 Stangen Lauch
½ Limette
3 EL Olivenöl
2 TL Currypulver
200 ml Sojasahne
½ TL Salz
½ TL Pfeffer

DEN COUSCOUS in eine Schüssel geben. Gemüsebrühe aufkochen, über den Couscous gießen und 10 Min. zugedeckt quellen lassen.

DIE WIRSINGBLÄTTER vom Strunk schneiden. Dicke Blattrippen entfernen. In reichlich kochendem Salzwasser 4 Min. blanchieren, mit einem Schaumlöffel herausheben und unter fließend kaltem Wasser abschrecken. Auf Küchenpapier gut abtropfen lassen.

DEN BACKOFEN auf 140 Grad vorheizen.

DIE FRÜHLINGSZWIEBELN in feine Ringe schneiden. Paprika mit einem Sparschäler schälen und in kleine Würfel schneiden. Oliven fein hacken. Pinienkerne in einer Pfanne ohne Fett bei mittlerer Hitze anrösten. Minze grob hacken.

GETROCKNETE TOMATEN in heißem Wasser 10 Min. ziehen lassen, ausdrücken und in feine Streifen schneiden.

3 EL OLIVENÖL in einer großen Pfanne erhitzen. Paprikapulver, Frühlingszwiebeln und Paprika zufügen und 5 Min. dünsten. Pfanne vom Herd nehmen. Oliven, Pinienkerne, Minze, getrocknete Tomaten, Senf, Salz und Pfeffer zugeben und verrühren. Couscous zufügen und mit der Sauce mischen.

DIE WIRSINGBLÄTTER auf die Arbeitsfläche legen. Pro Blatt etwa 2 EL Füllung geben. Blätter zu kleinen, festen Päckchen rollen, dabei die Enden etwas einschlagen. 2 EL Olivenöl in eine Auflaufform geben. Wirsingpäckchen hineinlegen und im Ofen ca. 10 Min. warm halten.

DIE KAROTTEN schälen, halbieren und längs in feine Streifen schneiden. Lauch in Ringe schneiden. Limettensaft auspressen.

DAS OLIVENÖL in einem Topf erhitzen. Karotten und Lauch kräftig darin anbraten. Curry, Sojasahne, Limettensaft, Salz und Pfeffer zufügen, gut vermischen und 5 Min. dünsten.

DAS GEMÜSE auf 4 Tellern anrichten und die Wirsingpäckchen auf das Gemüsebett setzen.

KRÄUTERSÜPPCHEN AUF ROTE-BETE-MUS

{Suppe mit knalligem Farbtupfer}

50 MIN. = FÜR 4 PERSONEN

Für die Suppe

50 g Rucola
4 Zweige Basilikum
4 Zweige Oregano
1 Bund Frühlingszwiebeln
500 g fest kochende Kartoffeln
5 EL Sonnenblumenöl
1 EL Currypulver
1,2 l Gemüsebrühe
¼ TL Muskatnuss (gemahlen)
1 TL Amchur
1 TL Salz
1 TL rosa Pfeffer (gemahlen)

Für das Mus

1 Orange
500 g Rote Bete
1 rote Zwiebel
4 EL Olivenöl
300 ml Gemüsebrühe
2 EL Sojasahne
2 TL getrockneter Majoran
1 Prise Cayennepfeffer
½ TL Salz
½ TL Pfeffer

RUCOLA, BASILIKUM und Oregano grob hacken. Frühlingszwiebeln in Ringe schneiden. Kartoffeln schälen und in Würfel schneiden.

DAS SONNENBLUMENÖL in einem großen Topf erhitzen. Frühlingszwiebeln darin glasig dünsten. Kartoffelwürfel zugeben und 3 Min. anbraten. Currypulver zugeben und kurz mitbraten. Gemüsebrühe zugießen, alles kurz aufkochen und 20 Min. köcheln lassen.

RUCOLA, BASILIKUM, Oregano, Muskat, Amchur, Salz und rosa Pfeffer zufügen. Alle mit einem Stabmixer zu einer cremigen Suppe pürieren.

DIE ORANGENSCHALE fein abreiben, den Orangensaft auspressen. Rote Bete schälen und in Würfel schneiden. Zwiebel ebenfalls schälen und in Würfel schneiden.

DAS OLIVENÖL in einem großen Topf erhitzen. Die Zwiebel darin glasig dünsten. Rote Bete zugeben und 3 Min. anbraten. Gemüsebrühe zugießen und zugedeckt 20 Min. bei mittlerer Hitze köcheln lassen.

SOJASAHNE, MAJORAN, Cayennepfeffer, Orangensaft, Orangenschale, Salz und Pfeffer zufügen und alles mit einem Kartoffelstampfer zu einem Mus stampfen.

DAS MUS auf vier Gläser verteilen und die Kartoffelsuppe darübergeben.

Kinder haften
für ihre Eltern

PASTA MIT RADICCHIO UND BACKPFLAUMEN

{Bitter-süß}

30 MIN. = FÜR 4 PERSONEN

250 g Tagliatelle
100 g getrocknete Pflaumen
1 kleiner Radicchio
2 rote Zwiebeln
50 g Walnusskerne
1 rote Chilischote
100 g Ziegenfeta
3 EL Olivenöl
1 TL Rohrzucker
1 EL Weißwein
200 ml Sojasahne
150 ml Gemüsebrühe
1 TL Salz
½ TL Pfeffer
1 Prise Muskatnuss (gemahlen)

DIE TAGLIATELLE nach Packungsanleitung kochen.

DIE PFLAUMEN in dünne Streifen schneiden. Radicchio vierteln und in Streifen schneiden. Zwiebeln schälen und in Würfel schneiden. Walnusskerne grob hacken. Chilischote fein hacken. Feta reiben.

DAS OLIVENÖL in einer großen Pfanne erhitzen. Zwiebeln darin glasig dünsten. Walnusskerne, Chili und Rohrzucker zugeben und alles karamellisieren lassen. Radicchio zufügen und anbraten. Pflaumen zugeben und kurz mitbraten. Das Gemüse mit Weißwein ablöschen. Sojasahne und Gemüsebrühe zugeben, alles kurz auf- und dann bei mittlerer Hitze leicht einkochen lassen. Mit Salz, Pfeffer und Muskatnuss abschmecken.

DIE TAGLIATELLE zugeben, gut untermischen und mit Feta bestreut servieren.

SCHWARZWURZELN MIT EINGELEGTEN SCHALOTTEN

{Macht was her!}

60 MIN. + 12 STD. ZIEHZEIT = FÜR 4 PERSONEN

Für die Schalotten

10 Schalotten
1 TL Rohrzucker
2 Stangen Zimt
2 Scheiben Orange
2 Sternanis
2 Wacholderbeeren
1 TL Salz
1 l roter Traubensaft

Für die Schwarzwurzeln

200 ml Schalotten-Trauben-Sud
1 TL Pflaumenmarmelade
50 g Walnusskerne
200 g Zuckerschoten
2 rote Zwiebeln
500 g Schwarzwurzeln
5 EL Olivenöl
3 EL Sojasauce
½ TL Salz
½ TL Pfeffer

DIE SCHALOTTEN schälen, halbieren und in einen Topf geben. Rohrzucker, Zimt, Organgenscheiben, Sternanis, Wacholderbeeren und eine Prise Salz dazugeben. Traubensaft zufügen und alles aufkochen lassen. Hitze reduzieren und den Sud 60 Min. einkochen lassen. Topf vom Herd nehmen und Schalotten über Nacht ziehen lassen.

DEN SCHALOTTEN-TRAUBEN-SUD durch ein Sieb in eine kleine Schüssel abgießen. Die Gewürze aus den Schalotten nehmen. Die Pflaumenmarmelade im Schalotten-Trauben-Sud verrühren.

DIE WALNUSSKERNE in einer Pfanne ohne Fett bei mittlerer Hitze rösten. Etwas abkühlen lassen und grob hacken.

DIE ZUCKERSCHOTEN fein schneiden. Die Zwiebeln schälen und fein hacken.

DIE SCHWARZWURZELN schälen, in Stücke schneiden und in reichlich Salzwasser 20 Min. bissfest garen. Schwarzwurzeln durch ein Sieb gießen und abtropfen lassen.

DAS OLIVENÖL in einer Pfanne erhitzen. Schwarzwurzeln zugeben und kräftig anbraten. Hitze reduzieren. Zwiebeln und Zuckerschoten zugeben und 2 Min. dünsten. Schalotten-Trauben-Sud und Sojasauce zufügen. Alles kurz aufkochen. Hitze reduzieren und 10 Min. köcheln lassen.

ZUM SCHLUSS die Schalotten zugeben, kurz erwärmen und das Gemüse mit den gerösteten Walnusskernen bestreut servieren.

ORIENTALISCH GEFÜLLTE AUBERGINEN

{Köstlich aromatisch}

35 MIN., 25 MIN. BACKZEIT = 4 AUBERGINEN

1 TL Salz
2 rote Zwiebeln
2 Auberginen (ca. 500 g)
1 Bund Petersilie
6 EL Olivenöl
1 EL Tomatenmark
1 TL Kreuzkümmel (gemahlen)
1 TL Koriander (gemahlen)
2 TL edelsüßes Paprikapulver
150 ml Gemüsebrühe

DIE AUBERGINEN halbieren, aushöhlen, das Fruchtfleisch in Würfel schneiden, mit dem Salz mischen und 30 Min. ziehen lassen. Die ausgehöhlten Auberginen beiseite legen.

DIE TOMATEN in Würfel schneiden. Zwiebeln abziehen und in Würfel schneiden.

DEN BACKOFEN auf 200 Grad vorheizen.

DIE AUBERGINENWÜRFEL leicht ausdrücken

2 EL ÖL in einer Pfanne erhitzen, Zwiebeln und Auberginen 5 Min. darin andünsten. Tomatenmark, Kreuzkümmel, Koriander, Paprikapulver und die Hälfte der Tomatenwürfel zugeben und gut verrühren. Die Füllung gleichmäßig in die Auberginenhälften verteilen.

DEN REST der Tomatenwürfel in die Auflaufform geben, Gemüsebrühe zugießen, die Auberginen auf die Tomaten geben, mit dem restlichen Öl beträufeln und 25 Min. im Backofen backen.

ZUM SCHLUSS die Petersilie hacken und über die Auberginen geben.

WILDKRÄUTERSALAT MIT GEBRATENER BIRNE

{Viel Spaß beim Kräuter pflücken!}

20 MIN. = FÜR 4 PERSONEN

2 getrocknete Feigen
50 g Pinienkerne
2 Zweige Minze
1 Limette
1 Birne
7 EL Olivenöl
1 EL Aceto Balsamico
1 EL Agavendicksaft
3 EL Birnensaft
100 g Wildkräutersalat
1 TL grobes Meersalz
1 Prise Chiliflocken
1 Handvoll essbare Blüten

DIE FEIGEN grob schneiden. Pinienkerne in einer Pfanne ohne Fett bei mittlerer Hitze rösten, bis sie goldbraun werden. Minze grob hacken. Limettensaft auspressen.

DIE BIRNE waschen, vierteln, entkernen und längs in schmale Spalten schneiden. 2 EL Olivenöl in einer Pfanne erhitzen und die Birnenspalten darin kurz anbraten.

5 EL OLIVENÖL, Aceto Balsamico, Agavendicksaft, Birnen- und Limettensaft, Feigen und Minze in ein hohes Gefäß geben. Mit einem Stabmixer zu einem sämigen Dressing pürieren.

DEN SALAT in eine Schüssel geben und mit dem Dressing übergießen. Birnenspalten auf dem Salat verteilen. Mit Meersalz, Chiliflocken und Pinienkernen bestreuen und mit essbaren Blüten dekorieren.

TIPP

Statt Wildkräutern können Sie auch Feldsalat oder feinen Rucola für den Salat nehmen. Essbare Blüten bekommen Sie im Internet (www.essbare-landschaften.de).

Feldsalat, Ackersalat, Vogerlsalat ...

... und jetzt auch noch Ayurveda-Salat: egal, wie Sie zum Blattgrün sagen, im Duo mit Kartoffelsalat wird es zum Highlight auf dem Teller ...

ZWEIERLEI SALAT MIT CROUTONS UND KÜRBISKERNEN

{Gelb-grüne Koalition}

40 MIN. = FÜR 4 PERSONEN

Für den Kartoffelsalat

500 g fest kochende Kartoffeln
100 ml Gemüsebrühe
1 rote Zwiebel
1 EL Olivenöl
1 EL scharfer Senf
1 EL Rohrzucker
3 EL Apfelessig
5 EL Kürbiskernöl
1 TL Salz
½ TL Pfeffer

Für den Feldsalat

120 g Feldsalat
50 g Kürbiskerne
1 EL Fenchelsamen
2 Scheiben Bauernbrot
4 EL Sonnenblumenöl
100 ml Orangensaft
3 EL Olivenöl
1 EL Zitronensaft
1 EL Agavendicksaft
Salz
Pfeffer

DIE KARTOFFELN in reichlich Salzwasser kochen. Etwas auskühlen lassen, schälen, in Scheiben schneiden und in eine große Schüssel geben. Gemüsebrühe kurz aufkochen und über die Kartoffeln gießen.

DIE ZWIEBEL schälen und in Würfel schneiden. Olivenöl in einer Pfanne erhitzen. Zwiebel darin glasig dünsten. Pfanne vom Herd nehmen. Senf, Rohrzucker, Apfelessig, Kürbiskernöl, Salz und Pfeffer zufügen, verrühren und zu den Kartoffeln gießen. Gut mischen.

DEN FELDSALAT in eine Schüssel geben. Kürbiskerne in einer Pfanne ohne Fett bei mittlerer Hitze anrösten. Fenchelsamen in einem Mörser zerstoßen. Das Bauerbrot in kleine Würfel schneiden.

DAS SONNENBLUMENÖL in einer Pfanne erhitzen und die Brotwürfel darin kross anbraten. Fenchelsamen darüberstreuen.

ORANGENSAFT, OLIVENÖL, Zitronensaft, Agavendicksaft, Salz und Pfeffer in eine kleine Schüssel geben und mit einem Schneebesen zu einem sämigen Dressing rühren.

DAS DRESSING über den Feldsalat geben. Den Feldsalat auf den Kartoffelsalat setzen. Croutons und Kürbiskerne darüberstreuen.

ORANGEN-DILL-RISOTTO MIT PINIENKERNEN

{Wunderbar fruchtig}

20 MIN. + 20 MIN. ZIEHZEIT = FÜR 4 PERSONEN

1 Bund Frühlingszwiebeln
1 Orange
50 g Pinienkerne
1 Bund Dill
5 EL Olivenöl
2 TL edelsüßes Paprikapulver
1 TL Kurkuma
200 g Risottoreis
1 l Gemüsebrühe
1 TL rosa Pfeffer (gemahlen)
1 TL Salz

DIE FRÜHLINGSZWIEBELN in feine Ringe schneiden. Orangenschale fein abreiben, den Orangensaft auspressen. Pinienkerne in eine Pfanne ohne Fett bei mittlerer Hitze rösten. Dill fein hacken.

DAS OLIVENÖL in einem Topf erhitzen. Frühlingszwiebeln darin glasig dünsten. Reis, Paprikapulver und Kurkuma zugeben und unter Rühren kurz mitdünsten.

DIE GEMÜSEBRÜHE in einem anderen Topf erhitzen. Den Reis damit angießen, bis er gerade bedeckt ist. Bei mittlerer Hitze unter Rühren vollständig einkochen lassen. Dann wieder Gemüsebrühe zugießen und unter Rühren einkochen lassen. Immer erst neue Flüssigkeit zugeben, wenn die vorherige Menge aufgenommen ist. Diesen Arbeitsschritt so oft wiederholen bis die gesamte Gemüsebrühe aufgebraucht ist.

ORANGENSAFT, ORANGENSCHALE und den rosa Pfeffer zugeben. Mit Salz abschmecken. Dill unterrühren.

DAS RISOTTO mit Pinienkernen bestreut servieren.

TIPP

Ein Risotto sollte leicht cremig sein. Falls alle Flüssigkeit verkocht ist und der Reis zu trocken wird, können Sie noch etwas mehr Gemüsebrühe zugeben.

SAUBERER **SEX** UNTERM STERNENHIMMEL

NICHTS IST SO WUNDERBAR, WIE EIN NEUES LEBEN ZU ERSCHAFFEN. SCHADE IST NUR, DASS WIR DER HERSTELLUNG VON COMPUTERCHIPS OFT MEHR AUFMERKSAMKEIT UND HYGIENE WIDMEN ALS DER ZEUGUNG UNSERER KINDER.

In der ayurvedischen Medizin gibt es einen Bereich, der sich ausschließlich mit den Themen Kinderwunsch und Zeugung beschäftigt. Man geht davon aus, dass in dem Moment, in dem Samen und Eizelle miteinander verschmelzen, ganz elementare körperliche und geistige Eigenschaften des neu entstehenden Lebens festgelegt werden. Deshalb gibt es im Ayurveda seit mehr als fünftausend Jahren Empfehlungen und Anleitungen, wie sich Mann und Frau körperlich und geistig reinigen sollten, bevor sie ein Kind zeugen. Denn ein Kind ist das Kostbarste, was zwei Menschen erschaffen können. Es gilt als ein göttliches Geschenk.

REIN ENERGETISCH BETRACHTET IST DESHALB AUCH VON BEDEUTUNG, UNTER WELCHEN UMSTÄNDEN EIN KIND ENTSTEHT. ES IST DEFINITIV EIN UNTERSCHIED, OB ES WÄHREND EINER HOCHZEITSREISE AUF DEN MALEDIVEN GEZEUGT WIRD, UNTERM STERNENHIMMEL VON ZWEI SICH AUFRICHTIG LIEBENDEN MENSCHEN, ODER OB ES ZUR FASTNACHT VON ZWEI SICH BIS DAHIN VÖLLIG UNBEKANNTEN ALKOHOLISIERTEN AUF DEM DIXIKLO AM RHEINUFER BEI 3 GRAD MINUS GEMACHT WIRD. DAS KIND, DAS BEI LETZTERER AKTION ENTSTEHT, KOMMT MIT ALLEM ANDEREN ALS POSITIVER ENERGIE INS LEBEN. DAS SOLLTE MAN BEI ZÜGELLOSEM SEX IMMER AUCH IM HINTERKOPF HABEN.

FLÜSSIGE **FREUDEN**

{Lassis, Smoothies, Tees sind als Seelennahrung unschlagbar. Zur Zubereitung brauchen Sie: einen guten Mixer, die Rezepte auf den nächsten Seiten und ganz viel Liebe.}

Die Augen noch auf Halbmast, zwei unterschiedliche Socken an den Füßen ...

... und dann ist auch noch Montag? Dieser Chai rutscht auch dem größten Morgenmuffel in den Bauch!

ORIENTALISCHER CHAI

{Tut der Verdauung gut}

20 MIN. = FÜR 4 PERSONEN

- 1 kleines Stück Ingwer
- 500 ml Wasser
- 3 Stangen Zimt
- 2 Gewürznelken
- 6 Sternanis
- 1 TL schwarze Pfefferkörner
- 500 ml Milch
- 10 EL schwarzer Tee (20 g)

DEN INGWER schälen und in Scheiben schneiden.

DAS WASSER in einem Topf aufkochen. Ingwerscheiben, Zimt, Nelken, Sternanis und Pfefferkörner zugeben und 10 Min. köcheln lassen. Milch zugießen und 5 Min. weiterköcheln. Schwarzen Tee zugeben, alles kurz aufkochen und 3–5 Min. ziehen lassen. Dann durch ein Sieb abgießen.

TIPP

Für die koffeinfreie Kindervariante sollten Sie statt schwarzem Tee die gleiche Menge Roibuschtee nehmen.

FRUCHTIGER GEWÜRZPUNSCH

{Der Winter kann kommen}

30 MIN. = FÜR 4 PERSONEN

- 1 Orange
- 1 kleines Stück Ingwer
- 1 Birne
- 1 l weißer Traubensaft
- 1 l Apfelsaft
- 200 ml Orangensaft
- 3 Stangen Zimt
- 4 Nelken
- 4 Kardamomkapseln
- 1 Bund Minze

DIE ORANGE mit Schale in Scheiben schneiden. Ingwer schälen und in Scheiben schneiden. Birne vierteln, entkernen und in dünne Spalten schneiden.

TRAUBEN-, APFEL- UND ORANGENSAFT in einem Topf aufkochen. Topf vom Herd nehmen. Orangen- und Ingwerscheiben, Birnenstücke, Zimt, Nelken, Kardamomkapseln und Minze zugeben und den Punsch 20 Min. ziehen lassen.

TIPP

Wenn Ihnen der Punsch nicht süß genug ist, können Sie ihn mit etwas Honig oder Agavendicksaft süßen.

ANANAS-SELLERIE-SMOOTHIE

{Rasend schnell zusammengemixt!}

20 MIN. = FÜR 4 PERSONEN

1 Ananas
4 Stangen Sellerie
1 rote Paprikaschote
100 g rote Trauben (kernlos)
1 l weißer Traubensaft
1 EL Agavendicksaft

DIE ANANAS schälen, vierteln, Strunk entfernen, grob würfeln. Sellerie in Stücke schneiden. Paprika mit einem Sparschäler schälen, entkernen und grob würfeln.

ANANAS, SELLERIE, Paprika und Trauben zusammen mit dem Trauben- und Agavendicksaft in einen Standmixer geben und sämig pürieren.

TIPP

Statt der frischen Ananas können Sie auch 1 l Ananassaft nehmen.

MAINE

HERZHAFTER LASSI MIT KORIANDER

{Ein Klassiker der ayurvedischen Küche}

20 MIN. = FÜR 4 PERSONEN

- 1 TL Kreuzkümmelsamen
- 1 TL Anis
- 4 Zweige Koriander oder frisches Basilikum
- 500 ml Naturjoghurt
- 1000 ml stilles Mineralwasser
- 5 EL Honig
- Salz

DEN ANIS und die Kreuzkümmelsamen in einem Mörser fein zerstoßen. Koriander grob hacken.

JOGHURT, MINERALWASSER, Honig und eine Prise Salz in ein hohes Gefäß geben. Anis, Kreuzkümmel und Koriander zufügen und alles mit einem Stabmixer zu einem cremigen Lassi mixen.

SÜSSER MANGOLASSI

{Für heiße Sommertage}

20 MIN. = FÜR 4 PERSONEN

- 1 Mango
- 750 ml Naturjoghurt
- 750 ml stilles Mineralwasser
- 1 EL Honig
- ½ TL Zimt
- Salz

DIE MANGO schälen, entkernen und in Stücke schneiden. Zusammen mit dem Joghurt und dem Mineralwasser in ein hohes Gefäß geben. Honig, Zimt und eine Prise Salz zufügen und alles mit einem Stabmixer zu einem cremigen Lassi mixen.

TIPP

Statt Mango können Sie Birnen, Datteln, Feigen oder Kirschen in den Lassi mixen. Zitrusfrüchte sind nicht geeignet, weil sie sich nach ayurvedischer Sicht verdauungstechnisch nicht mit dem Joghurt vertragen.

MANGO-POWER-SMOOTHIE

{Weckt neue Lebensgeister}

10 MIN. = FÜR 4 PERSONEN

4 Zweige Thai-Basilikum oder herkömmliches Basilikum
1 Mango
50 g Spinat
⅓ TL Grüntee-Pulver (Matcha)
1 EL Agavendicksaft
1 l weißer Traubensaft
Salz

DIE BLÄTTER vom Thai-Basilikum abzupfen. Mango schälen, entkernen und in Stücke schneiden.

MANGO, SPINAT, Basilikumblätter, Matcha, Agavendicksaft, Traubensaft und eine Prise Salz in einen Standmixer geben und sämig pürieren.

OBSTGARTEN-SPEZIALSAFT

{Von Oma Elisabeth kreiert!}

10 MIN. + 30 MIN. ZIEHZEIT = FÜR 4 PERSONEN

5 Zweige Minze
5 Zweige Zitronenmelisse
½ TL Schabziegerkleepulver
500 ml Birnensaft
500 ml Rote-Bete-Saft
500 ml Apfelsaft
500 ml Karottensaft
1 EL Agavendicksaft

DIE BLÄTTER von der Minze und Zitronenmelisse zupfen. ½ TL Bergwiesenklee in einen großen Glaskrug geben. Säfte zufügen, Agavendicksaft unterrühren und den Trunk 30 Min. ziehen lassen.

TIPP

Schabziegerklee ist ein Bergklee und ist, ähnlich wie Matcha, fein gemahlen. Im Fruchtsaft löst er sich vollständig auf. Sie bekommen ihn im Internet (www.phytofit.de).

Verschrumpelt und ausgepowert zurück aus dem Schwimmbad?
Jetzt einen Obstgarten-Spezialsaft von Volkers Oma Elisabeth!

ROSIGER GURKENSAFT

{Gemüse und Rosen? Aber klar!}

10 MIN. = FÜR 4 PERSONEN

1 Salatgurke
500 ml Aprikosensaft
200 ml Kirschsaft
200 ml Apfelsaft
1 TL Rosenwasser
1 EL Agavendicksaft
2 Zweige Dill

DIE GURKE schälen, vierteln, mit einem Löffel entkernen, klein schneiden. Zusammen mit dem Aprikosen-, Kirsch- und Apfelsaft in einen Standmixer geben. Rosenwasser, Agavendicksaft und Dill zufügen und alles kräftig pürieren.

EIN PAAR **SCHLUSSWORTE...**

Kennen Sie auch solche Momente, da steigt man in eine Sache ein, ohne zu wissen, was am Ende dabei rauskommt? Genau so ging es mir mit diesem Buch. Als die Anfrage kam, ein Familienkochbuch zu schreiben, habe ich erst mal abgesagt. Ich hatte das Manuskript für mein zweites Buch gerade abgegeben und wollte lieber wieder kochen als am Computer sitzen. Wie es aber manchmal so ist, gab es Unstimmigkeiten mit einem Teil meiner alten (Verlags-)Familie und so habe ich dann doch das Angebot für dieses Buch angenommen.

Jetzt, nachdem es fertig ist, muss ich sagen, ich habe im Verlauf der Entstehung so ziemlich alles durchlebt, was man auch in einer Familie erleben kann. Es gab schöne Momente, in denen ich mich gefreut habe. Es gab manchmal richtig Stress, und ich habe das Projekt mehrfach verflucht. Mal war es mir ganz nah, und mal war es unendlich weit weg von mir. Aber ich habe es doch zu einem großen Ganzen hinbekommen. Es ist das bisher persönlichste und emotionalste meiner Bücher geworden. Denn es hat mich zeitweise an meine eigenen Grenzen geführt. Als ich mich mit dem Thema Familie auseinandergesetzt habe, ist bei mir eine ganze Menge nach oben gekommen. Und es waren einige echt unangenehme Dinge dabei, die ich jahrelang in die dunkle Truhe des Schweigens gepackt hatte.

Meine Vorstellungen von Familie haben sich dadurch definitiv verändert. Früher dachte ich immer, Familie sei etwas Starres, etwas, das immer so bleibt wie es ist. Doch nein, dadurch, dass man sich selbst weiterentwickelt, verändert sich auch die Familie.

Die Einflüsse von außen kann man sowieso nicht steuern. Manchmal sind Menschen, die einem nahestanden, auf einmal nicht mehr da. Aber dafür kommen neue Menschen dazu. Familie ist nicht nur eine feste Einheit, sondern die Verbindung zwischen allen, die mir wichtig sind. Alle Menschen, die einen Platz in meinem Herzen haben, sind meine Familie und das müssen nicht nur Verwandte sein.

Wenn es eine Essenz dieses Buches gibt, dann ist es Verbindung. Ich wünsche Ihnen von ganzem Herzen die Verbindung mit sich selbst und mit allen lieben Menschen. Genießen Sie jeden Moment, den Sie mit ihnen verbringen dürfen.

REZEPTREGISTER

STICHWORTVERZEICHNIS

Der Verlag dankt den großen und kleinen Darstellern in diesem Buch: Elisabeth, Felix, Frauke, Gerhard, Hannes, Hilda, Kathrin und Otto – vielen Dank!

SERVICE

Liebe Leserin, lieber Leser,
hat Ihnen dieses Buch weitergeholfen? Für Anregungen, Kritik, aber auch für Lob sind wir offen. So können wir in Zukunft noch besser auf Ihre Wünsche eingehen. Schreiben Sie uns, denn Ihre Meinung zählt!

Ihr TRIAS Verlag
E-Mail Leserservice: kundenservice@trias-verlag.de
Lektorat TRIAS Verlag, Postfach 30 05 04, 70445 Stuttgart, Fax: 0711/8931-748

Bibliografische Information der Deutschen Nationalbibliothek
Die Deutsche Nationalbibliothek verzeichnet diese Publikation in der Deutschen Nationalbibliografie; detaillierte bibliografische Daten sind im Internet über http://dnb.d-nb.de abrufbar.

Programmplanung: Uta Spieldiener
Redaktion: Ulrike Hilgenberg, Hamburg; Kerstin Mendler
Bildredaktion: Christoph Frick

Layout und Umschlaggestaltung: Gramisci Editorialdesign, München

Bildnachweis:
Umschlagfoto vorn: Holger Münch, Stuttgart
Umschlagfotos hinten: Holger Münch, Stuttgart
Fotos im Innenteil: Holger Münch, Stuttgart;
alle Rezeptfotos von: Wolfgang Schadt, Hamburg
Zeichnungen: Stefanie Wawer, Münster
Styling: Daniela Sonntag und Stephanie Türck

1. Auflage

Printed in Germany

Satz und Repro: Fotosatz Buck, Kumhausen
gesetzt in: Adobe InDesign, CS6
Druck: aprinta Druck GmbH, Wemding

Gedruckt auf chlorfrei gebleichtem Papier

ISBN 978-3-8304-6905-6 1 2 3 4 5 6

Auch erhältlich als E-Book:
eISBN (PDF) 978-3-8304-6906-3
eISBN (ePub) 978-3-8304-6907-0

Wichtiger Hinweis
Wie jede Wissenschaft ist die Medizin ständigen Entwicklungen unterworfen. Forschung und klinische Erfahrung erweitern unsere Erkenntnisse. Ganz besonders gilt das für die Behandlung und die medikamentöse Therapie. Bei allen in diesem Werk erwähnten Dosierungen oder Applikationen, bei Rezepten und Übungsanleitungen, bei Empfehlungen und Tipps dürfen Sie darauf vertrauen: Autoren, Herausgeber und Verlag haben große Sorgfalt darauf verwandt, dass diese Angaben dem Wissensstand bei Fertigstellung des Werkes entsprechen. Rezepte werden gekocht und ausprobiert. Übungen und Übungsreihen haben sich in der Praxis erfolgreich bewährt. Eine Garantie kann jedoch nicht übernommen werden. Eine Haftung des Autors, des Verlags oder seiner Beauftragten für Personen-, Sach- oder Vermögensschäden ist ausgeschlossen.